AF275120

GLOSARIO DE TÉRMINOS EN PSICOPATOLOGÍA

GLOSARIO DE TÉRMINOS EN PSICOPATOLOGÍA

ANA JIMÉNEZ-PERIANES

 CEU Ediciones

Este libro está dedicado a todos mis alumnos de los que cada día aprendo algo. En especial al curso de 3º de psicología del curso 2018-19 donde su motivación, interés y participación *fuera de la normalidad*, de manera extraordinaria, han hecho que este manual sea posible.

Parte de los beneficios de este libro se destinarán a la asociación AJERA (Adultos Jóvenes con Enfermedades Raras y atípicas) n.º 618466, a la asociación El refugio de Tizziano n.º G73981011, y a la Fundación mia o que hago n.º G56036189 del Registro Nacional de Asociaciones.

Glosario de términos en psicopatología

1.ª edición: junio 2020
2.ª edición: septiembre 2022
3.ª edición: septiembre 2025

© Ana Jiménez-Perianes, 2025
© de la edición, Fundación Universitaria San Pablo CEU, 2025

CEU *Ediciones*
Julián Romea 18, 28003 Madrid
Teléfono: 91 514 05 73
Correo electrónico: ceuediciones@ceu.es
www.ceuediciones.es

ISBN: 979-13-87860-09-7
Depósito legal: M-20359-2025

Maquetación: Pedro Coronado Jiménez (CEU *Ediciones*)
Diseño de cubierta: Andrea Nieto Alonso (CEU *Ediciones*)
Ilustración en dedicatoria: Santiago Calvo González

Impresión: Forletter, S. A.
Impreso en España

ÍNDICE

PARTE 1. INTRODUCCION **13**
  1. Criterios, clasificación y modelos 15
  2. Conceptos básicos...23

PARTE 2. TÉRMINOS EN PSICOPATOLOGÍA **29**
  3. Sensopercepción 31
  4. Afectividad 43
  5. Pensamiento 51
  6. Consciencia 61
  7. Atención, concentración y orientación...........67
  8. Vida instintiva: agresividad, nutrición,
     sexualidad, sueño e impulsos.........................73
  9. Memoria...87
  10. Psicomotricidad 93
  11. Discurso y lenguaje 99
  12. Exploración psicopatológica 105

REFERENCIAS BIBLIOGRÁFICAS....................... **109**

GLOSARIO **115**

PARTE I

INTRODUCCIÓN

CRITERIOS, CLASIFICACIÓN Y MODELOS

- *Salud:* «estado completo de bienestar físico, mental y social de una persona, y no solo la ausencia de enfermedad» (OMS, 2013a).
- *Salud mental:* «estado de bienestar en el cual el individuo es consciente de sus propias capacidades, puede afrontar las tensiones normales de la vida, puede trabajar de forma productiva y fructífera y es capaz de hacer una contribución a su comunidad» (OMS, 2013b). El 10 de octubre es el día Mundial de la Salud Mental.
- *Psicopatología:*
  - Disciplina que aborda los síntomas, signos, síndromes, trastornos, funciones psíquicas (por ejemplo, memoria, atención, percepción) y/o patrones de conducta, así como su etiopatogenia.
  - Supone el estudio del origen y las causas de los distintos trastornos mentales.
  - Área dentro de la psicología cuyo objetivo es el estudio de los procesos que pueden dar lugar a estados «no sanos» en cualquier proceso mental.
  - Hace alusión e incluye desde las alteraciones psicológicas generadas por una enfermedad orgánica (por ejemplo, hipotiroidismo); o bien, a los síntomas característicos de un trastorno psicológico;

o, por otro lado, a determinados procesos cognitivos contrarios a la salud mental.

- ○ Cualquier conducta o comportamiento que se derive de alguna alteración física y que cause malestar, o alguna dificultad en las funciones cognitivas.
- ○ Las dos disciplinas principales en cuanto a la relación de la psicopatología, sería la psiquiatría y la psicología.
- ○ La terapia y el tratamiento no están incluidos en el área de la psicopatología. Se hace obligatorio un correcto diagnóstico para un eficaz tratamiento.
- ○ Vinculada a los criterios de normalidad y anormalidad psíquica. Así como, a los principios generales de calificación de un comportamiento anómalo.

1. CRITERIOS PARA DEFINIR LO PATOLÓGICO

- Criterios de normalidad estadística: criterio basado en el modelo estadístico. Se hace uso de la distribución normal (curva de distribución normal: campana de Gauss) limitándose a ± 2 desviaciones típicas. Toda conducta que se observe fuera de esos límites se considerará anormal. Descripción cuantitativa. «¿Y sí se obtiene la puntuación justo anterior al punto de corte?».
- Criterio subjetivo o intrapsíquico: sentimiento de malestar y/o sufrimiento de la persona afecta. Se relaciona con la capacidad de adaptación del sujeto. «¿Es siempre consciente la persona de su malestar?».
- Criterio sociocultural o interpersonal: se basa en el consenso, en la construcción social que se adopta en un momento y cultura determinada. «¿Hay conductas patológicas en una cultura que no lo son en otra?».

- Criterios biológicos: dan importancia a la naturaleza biológica del desarrollo de la persona. Cualquier alteración o disfunción de la estructura o función biológica supone la expresión de la anormalidad. Se puede estudiar desde distintas disciplinas (por ejemplo, genética, bioquímica o neurología, entre otros). «¿Sólo somos organismos biológicos?».

2. PRINCIPIOS GENERALES DE CALIFICACIÓN DE UNA CONDUCTA ANORMAL O ANÓMALA

1. Ningún criterio por si sólo es suficiente para definir una psicopatología.
2. Ninguna conducta es por sí misma psicopatológica. Amplia gama de condiciones.
3. Debe darse por la combinación de distintos criterios, deben darse distintos elementos de manera simultánea.
4. Ninguna conducta es por sí misma anormal.
5. La conducta humana es bidimensional.
6. La presencia de conductas anómalas no conlleva ausencia de salud mental (por ejemplo, *lapsus linguae* o pareidolia).
7. Se debe tener en cuenta el análisis de las conductas en base criterios dimensionales, pues tienen en cuenta las diferencias individuales de los fenómenos psicológicos particulares y en conjunto. Por ello es importante realizar el análisis topográfico de la conducta a valorar a través de la intensidad, frecuencia y duración.

- *Conducta anormal o patológica:* comportamiento que lleva asociada una serie de elementos como:

a. Sufrimiento o malestar personal.

b. Inadaptación al entorno.

c. La peculiaridad o irracionalidad de la conducta.

d. La molestia o incomodidad en los otros.

e. Violación de los códigos éticos, morales e ideales del comportamiento.

- *Modelo médico/biológico:* planteado por Hipócrates al asociar su teoría de los humores con las distintas patologías. Kraepelin en siglo XIX en su clasificación de las enfermedades mentales, señala la etiología orgánica (nivel metabólico, genético, endocrino, entre otros) de las mismas, produciendo una serie de síntomas que permiten el diagnóstico y por tanto establecer un pronóstico. El tratamiento se centrará en variables biológicas.

- *Modelo conductual:* se basa en la psicología del aprendizaje (Watson, Thorndike, Pavlov, Skinner y Eysenck, entre otros). La conducta psicopatológica consiste en hábitos desadaptativos que han llegado a condicionarse a ciertos estímulos. Tales hábitos constituyen los síntomas clínicos y la propia conducta anormal, y son generados de acuerdo con las leyes y principios del aprendizaje. Adquieren importancia los factores ambientales.

  La diferencia entre normal y anormal es cuantitativa. Importancia del análisis funcional de la conducta.

  El tratamiento se basa en los principios del aprendizaje (terapia conductual) para extinguir las conductas indeseables.

- *Modelo cognitivo:* se basa en cómo procesamos la información, los procesos cognitivos (atención, memoria, percepción, motivación, entre otros). Haría referencia a la cuestión «¿Cómo funciona nuestra mente, cuales son los contenidos con los que trabaja?».

Los representantes principales serían Wundt, James, Kelly y Lazarus, entre otros. Se otorga gran relevancia a las atribuciones, creencias, predicciones, sentimientos, estrategias de afrontamiento.

Relacionado con la psicología social cognitiva (contenidos mentales como creencias, valores e inferencias) y la personalidad (identidad y autoconcepto). El tratamiento se basa en los cambios en los procesos cognitivos (terapias cognitivas).

- *Modelo psicodinámico:* señala la importancia del inconsciente (impulsos innatos, deseos, situaciones reprimidas) en la génesis de los problemas psicológicos, cuyo principal representante es Freud. Además, señala la importancia del equilibrio de los tres sistemas principales que forjan la personalidad para asegurar la estabilidad psíquica (*Yo*, *Ello* y *Superyo*). Los problemas psicopatológicos en los adultos surgen de conflictos en la etapa infantil. El tratamiento se basa en poder elaborar la parte inconsciente (insight).

3. SISTEMAS DE CLASIFICACIÓN

- *Sistema Categorial (clústeres):* asigna una determinada categoría en función de los criterios que se cumplen o que, por el contrario, están ausentes.
  1. Clúster A o grupo excéntrico. Incluye el trastorno esquizotípico, el esquizoide y el paranoide.
  2. Clúster B o grupo dramático o emocional. Incluye el trastorno histriónico de la personalidad, el trastorno límite y el narcisista.
  3. Clúster C o grupo ansioso. Comprende al trastorno de la personalidad dependiente, evitativa y obsesivo-compulsiva.

- *Sistema Dimensional:* hace referencia a un conjunto de dimensiones que permiten saber el lugar que ocupa. Mide las diferencias cuantitativas tratando de clasificar de acuerdo con el grado de intensidad. Nada/Un poco/Medio/Alto nivel de ansiedad.
- *Sistema multiaxial:* supone una evaluación, codificación del diagnóstico del paciente en función de distintos ejes. Por ejemplo, en el DSM-IV-TR (2002):
  - EJE I Síndromes clínicos.
  - EJE II Trastornos de personalidad y trastorno mental.
  - EJE III Enfermedades Médicas.
  - EJE IV Problemas psicosociales y ambientales.
  - EJE V funcionamiento global a través de la Escala de Evaluación de la Actividad Global (EEAG).
- *Sistema axial, uniaxial o monoaxial:* supone un diagnóstico de acuerdo con una única categoría desde el punto de vista clínico. Por ejemplo, en el DSM-5 (APA, 2013).

NOTAS

CONCEPTOS BÁSICOS

- *Signo:* manifestación objetiva, observable y que se puede medir (por ejemplo, temperatura, temblor, tensión).
- *Síntoma:* manifestación subjetiva. Descripción de un proceso orgánico, psicológico o funcional que no siempre se pueden observar (por ejemplo, pensamiento, dolor, sensación de mareo).
- *Síndrome:* conjunto de signos y síntomas que conforman un cuadro clínico. Aparecen de manera repetitiva. El síndrome es menos específico que el trastorno o la enfermedad. No tienen una etiología clara. A medida que se estudian experimentan agrupaciones o separaciones.

  En términos de salud mental, se puede referir también a un cuadro con manifestaciones psíquicas que se produce ante una situación vital.

  Un conjunto de síntomas que se dan de manera conjunta y que ya han sido estudiados e identificado como un cuadro clínico vinculado con uno o varios problemas.

  - ○ Síndrome de Estocolmo: no existe ninguna enfermedad, sino un cuadro originado por una situación social donde existe un nivel de tensión emocional tal que produce un modelo de dependencia y vinculación emocional con el captor.

- ○ Síndrome de Alienación Parental: un desorden psicopatológico en el que el niño denigra e insulta, entre otros, sin justificación alguna a uno de sus progenitores, cuando antes no existía esa situación (controvertido).
- *Trastorno:* síndrome o conjunto de síndromes interrelacionados que suponen malestar y una afectación significativa. Toma el síndrome como unidad para el diagnóstico.
- *Enfermedad:* síndrome o conjunto de síndromes interrelacionados, de carácter orgánico, que suponen malestar, afectación significativa a nivel físico y psicosocial de la persona. Para la OMS (2006), se define como «alteración o desviación del estado fisiológico en una o varias partes del cuerpo, por causas en general conocidas, manifestada por síntomas y signos característicos, y cuya evolución es más o menos previsible».
- *Trastorno mental:* síndrome que se caracteriza por una alteración clínicamente significativa a nivel cognitivo, emocional o de comportamiento que supone en la persona una disfunción a nivel psico/bio o de desarrollo a nivel cognitivo (APA, 2013).

Se caracterizan por una combinación de alteraciones del pensamiento, percepción, emociones, conducta y en las relaciones. Se incluye: la depresión, el trastorno bipolar, la esquizofrenia y otras psicosis, la demencia, las discapacidades intelectuales y los trastornos del desarrollo (OMS, 2018).

Dependiendo de la definición de enfermedad y modelo del que se parta, será más adecuado hacer uso del término Trastorno o Enfermedad Mental.

Sobre todo, aquellos en los que la etiología biológica/orgánica no está claramente identificada.

El concepto de trastorno nos describe simplemente las señales del estado de anormalidad y de alteración de la salud en el que se encuentra una persona, mientras que el de enfermedad señala una relación de causalidad, porque incluye las causas concretas (etiología) de la falta de salud.

- *Clasificación:* identificación y asignación de elementos comunes o relacionales.

- *Diagnóstico:* clasificación de un trastorno/enfermedad en base a sus características clínicas.

- *Diagnóstico diferencial:* proceso para identificar un trastorno/enfermedad y excluir las manifestaciones que pueden compartir con otras.

- *Transdiagnóstico:* consiste en identificar los factores cognitivos, conductuales y emocionales comunes a muchos trastornos psicológicos, con el objetivo de proporcionar una base para entender, clasificar e integrar los diferentes síntomas y diagnósticos en el ámbito de la psicopatología.

- *Trastorno dual:* coexisten una patología psíquica y un trastorno relacionado con sustancias.

- *Nosología:* ciencia que se encarga de describir, diferenciar y clasificar las enfermedad y trastornos mentales.

- *Etiopatogenia:* causa del desarrollo o aparición de un trastorno o enfermedad.

- *Factores Predisponentes:* aquellos que aparecen mucho antes del episodio y que aumentan la vulnerabilidad de padecer este trastorno.

- *Factores Precipitantes:* aquel que opera inmediatamente antes de que se manifieste la enfermedad/trastorno.

- *Factores mantenedores:* aquellos que refuerzan la persistencia de los signos, síntomas/síndromes durante el tiempo.

- *Pródromo:* signos o síntomas que anticipan el comienzo de un trastorno/enfermedad.
- *Patognomónico:* signo o síntoma que es indicador directo de la presencia de un síndrome, trastorno o enfermedad.
- *Tratamiento:* programa cuyo fin es de la remisión o recuperación del problema patológico.
- *Pronóstico:* anticipación del curso, evolución de una enfermedad o trastorno.
- *Iatrogenia:* efectos adversos derivados de una praxis clínica (por ejemplo, en una evaluación o en un tratamiento realizado).
- *Egodistónico:* se refiere a los pensamientos, valores, sentimientos y conductas que están en conflicto, son disonantes, o van en contra de los ideales, valores y creencias que posee la persona.
- *Egosintónico:* hace referencia a pensamientos, valores, sentimientos o conductas que resultan congruente, están en consonancia, con la escala de valores y creencias que la persona tiene.

NOTAS

Parte II

Términos
en psicopatología

SENSOPERCEPCIÓN

- *Sensación:* supone la primera experiencia de manera básica e inmediata ante un estímulo simple. Respuesta a través de nuestros sentidos (implica el sistema sensorial/ sistema nervioso). Son los datos en bruto que la persona capta. Por ejemplo, a través del sistema visual podemos captar la luz.
- *Percepción:* supone la interpretación de esas sensaciones. Es un proceso más elaborado ya que conlleva procesos cognoscitivos (contexto, memoria, experiencia, conceptos) junto con la estructuración del campo perceptivo. Siguiendo el ejemplo anterior, al captar la luz, mi percepción será el color o la forma de ese estímulo.
- *Imagen o representación:* es la reproducción subjetiva, imaginaria y de manera interna de una percepción en ausencia de objeto. Dirigida por la memoria.

1. DISTORSIONES PERCEPTIVAS O SENSORIALES

Anomalías en la percepción, donde el objeto se percibe de manera alterada.

1.1. RELACIONADOS CON LA INTENSIDAD

- *Hiperestesias:* aumento extraordinario de la intensidad del estímulo, de las sensaciones. Puede afectar a cualquier modalidad sensorial. «La luz nos deslumbra (hiperestesia visual) o los sonidos son muy intensos (hiperacusia)».
- *Hipoestesias:* disminución en la intensidad. Percepción atenuada, pudiendo llegar al estado de anestesia. «La sensibilidad reducida al dolor (hipoalgesia)».

1.2. RELACIONADOS CON LA CUALIDAD

Anomalías en la percepción de los estímulos en cuanto al color, sabor o cualquier modalidad sensorial.

- *Cloropsia:* los objetos los veo de color verde.
- *Xantopsia:* los objetos los veo de color amarillo.
- *Heterogeusia:* la comida me sabe a metal.
- *Acromatopsia:* ausencia de color.
- *Teleopsia:* los objetos los veo lejanos.

1.3. RELACIONADOS CON LA FORMA Y/O EL TAMAÑO

- *Metamorfopsias:* distorsiones perceptivas del tamaño y de la forma de los objetos.
  - *Dismorfopsias:* alteraciones visuales en la forma del objeto.
    - *Autometamorfopsias:* la deformidad se produce en el propio cuerpo o en algún miembro.

- ○ *Dismegalopsia:* alteración visual en el tamaño del objeto.
  - – *Macropsia:* los objetos se perciben a escala aumentada.
  - – *Micropsia:* los objetos se perciben a escala disminuida.

  Ambos se aprecian en la película de Alicia en el País de las Maravillas.

1.4. RELACIONADOS CON LA INTEGRACIÓN PERCEPTIVA

Alteración en la que el sujeto no es capaz de integrar dos o más percepciones procedentes de distintas modalidades sensoriales. Hay una división perceptiva.

- • *Escisión perceptiva:* aunque las modalidades van asociadas, se perciben como independientes. «Viendo el telediario soy incapaz de integrar la voz con la imagen del presentador (vía auditiva/visual)».
- • *Aglutinación perceptiva:* varias sensaciones se funden en una misma percepción. «Escucha la radio y asocia los movimientos de los coches».
- • *Sinestesia:* un objeto se presenta bajo dos modalidades sensoriales distintas. Se han descrito grafemas en color, sonidos y color, sonidos en gusto, entre otros. «Veo líneas de colores de tonos grises cuando escucho una canción de rock (audición coloreada)».

1.5. RELACIONADOS CON LA ESTRUCTURACIÓN DE ESTÍMULOS AMBIGUOS

- • *Ilusión:* percepción inadecuada de un estímulo concreto. La percepción final no corresponde con las características objetivas del estímulo. Se describen principalmente 3 tipos de ilusiones:

- ○ *Ilusiones de acabado:* a pesar de que las palabras no están completas, la persona las lee correctamente. Relacionado con el Principio de cierre de la Gestalt.
- ○ *Ilusión relacionada con el estado emocional:* la activación emocional puede hacer que se modifique la percepción de los estímulos. «Niño muy miedoso confunde un perchero con un monstruo. Un hombre en una situación de duelo puede creer momentáneamente que ve la cara de la persona fallecida entre un grupo de gente».
- ○ *Pareidolia:* el sujeto da significado a un estímulo ambiguo o no muy estructurado. «Veo una cara en el humo de un cigarrillo».

2. ENGAÑOS PERCEPTIVOS

2.1. ALUCINACIÓN

- La alucinación sucede en el cerebro y se proporciona corporeidad y realidad a las imágenes que la memoria recuerda sin que los sentidos intervengan (Esquirol, 1832).
- Percepción sin objeto (definición clásica) (Ball, 1890).
- Percepciones engañosas que emergen por sí mismas de manera novedosa y que se presentan junto a percepciones reales (Jaspers, 1962).
- Imágenes mentales que deben de:
  a. Presentarse como imágenes.
  b. Derivan de fuentes internas de información.
  c. En cambio se valoran como si procedieran de fuentes externas.

d. La mayoría de las veces aparecen de manera intrusiva (Horowitz,1975).
- Experiencia parecida a la percepción que ocurre en ausencia del estímulo, presenta toda la fuerza e impacto de una percepción real y no puede ser voluntariamente dirigida ni controlada por la persona (Slade & Bentall, 1988). Estos criterios diferencian entre alucinación y otras experiencias perceptivas parecidas.

Clasificación alucinaciones

- Según Complejidad
  - Elementales
  - Complejas
- Según Temas o Contenidos
- Según Modalidad sensorial
  - Auditivas
  - Visuales
  - Olfativas
  - Gustativas
  - Hápticas
  - Cinestésicas o de movimiento
  - Cenestésicas o somáticas
- Otras anomalías
  - Pseudoalucinaciones
  - Autoscopia o fenómeno del doble
  - Alucinación extracampina
  - Alucinación funcional
  - Alucinación refleja
  - Alucinación negativa
  - Alucinación hipnagógica e hipnapómpica

2.1.1. SEGÚN COMPLEJIDAD

- *Elementales:* impresiones sencillas, no estructuradas y difusas. Ruidos, zumbidos, resplandores o chiribitas.
- *Complejas o formadas:* percepción de objetos o cosas concretas. Voces, animales, personas, escenas o conversaciones.

2.1.2. SEGÚN TEMAS O CONTENIDOS

Hace referencia sobre lo que versa la alucinación: temores, deseos, conflictos, necesidades, religiosos, culturales o experiencias particulares de la persona.

2.1.3. SEGÚN MODALIDAD SENSORIAL

- *Alucinaciones auditivas:* son las más habituales junto con las visuales. Se dan fundamentalmente en esquizofrenia y otras psicosis.
  - *Acoasmas:* pitidos, ruidos, cuchicheos o pasos.
  - *Fonemas:* voces con estructura o palabras con significado.
  - *Eco del pensamiento:* oye sus propios pensamientos expresados en voz alta a medida que los piensa.
  - *Eco de lectura:* oye la repetición de lo que está leyendo.
  - *Alucinaciones imperativas:* las voces dan órdenes al sujeto.
  - *Alucinaciones en segunda persona:* depresión o trastornos orgánicos (eres un cobarde, vas a morir…).
  - *Alucinaciones en tercera persona:* esquizofrenia (es un cobarde, le van a matar…).

- *Alucinaciones visuales:* se presentan en modalidad visual.
  - *Fotopsias o fotomas:* imágenes elementales (destellos, círculos, llamas…) estáticas o en movimiento, con colores vivos o incoloras.
  - *Complejas:* (figuras humanas, animales o incluso escenas).
    - *Liliputienses:* tamaño reducido.
    - *Gulliverianas:* tamaño gigantesco.
    (Nota: no confundir con micropsia y macropsia que suponen todo el campo perceptivo)
- *Alucinación olfativa:* la persona refiere percibir olores desagradables o extraños (gas, ácido sulfhídrico) que presentan un significado especial para la persona y que pueden ser relativos a ellos mismos (huelo como un cadáver). Suele ir acompañada de la alucinación gustativa.
- *Alucinación gustativa:* la persona refiere sabores desagradables (comida podrida, sabor a cebolla o sabor metálico).
  - *Síndrome de la boca urente:* los pacientes describen sabor metálico, saliva viscosa, quemazón o sequedad en la boca.
- *Alucinación táctil o háptica:* se pueden experimentar en cualquier parte del cuerpo. Hace referencia a toques, pellizcos, manoseos, caricias o quemaduras.
  - *Activas:* toca objetos inexistentes como bichos, hilos o cascaras. Poco frecuentes.
  - *Pasivas:* cree que alguien o algo le toca, agarra o clava algún objeto, sin que le tenga que producir dolor.
  - *Térmicas:* percepción calor o frío extremo.
  - *Híbridas:* percepción de fluidos (me está cayendo sangre por las piernas).
  - *Parestesias:* sensación de hormigueo.

o *Formicación, delirios dermatozoicos, zoopáticos o enterozoicos:* pequeños bichos, animales o insectos recorren mi piel, por debajo o por encima.

- *Alucinación cinestésica o de movimiento:* relacionada con los músculos. Se pueden percibir ciertos movimientos de determinadas partes del cuerpo que en realidad no lo hacen. «Mi cuerpo se balanceaba. Mi brazo derecho se levanta y flotaba. Mi dedo gordo se retuerce».

- *Alucinación visceral, corporal, somática, cenestésica:* percepciones engañosas peculiares relacionadas con el propio cuerpo como órganos internos. «Las venas se salen del cuerpo. Tengo el corazón de oro. Estoy vacío por dentro».

2.1.4. OTRAS ANOMALÍAS

Variantes que no se pueden clasificar como alucinación.

- *Alucinaciones hipnagógicas e hipnopómpicas:* también denominadas alucinaciones fisiológicas. Hay autores que las califican como pseudopercepciones o imágenes anómalas. Las primeras están relacionadas con el adormecimiento, mientras que las segundas con el despertar. «Cuando me estoy quedando dormido sentir que me caigo. Escuchar el despertador antes de que suene».

- *Pseudoalucinación:* fenómeno en el que el sujeto es consciente de que las percepciones no son reales a pesar de que su percepción es verídica, son muy vívidas y se producen en el espacio subjetivo interior (no en el exterior). Modalidad visual, auditiva o táctil.

- *Autoscopia o fenómeno del doble:* ver la imagen de uno mismo en el espacio externo, como un doble reflejado en un cristal, sabiendo que es él («la imagen del espejo fantasma»). Es una alucinación visual que se acompaña de sensaciones somáticas y cinestésicas.

- ○ *Negativa:* la persona mira en el espejo y no se ve a sí mismo, no ve ninguna imagen.
- *Alucinación extracampina:* se producen fuera del campo sensorial, visual o auditivo. «El paciente ve a alguien detrás de él, a la derecha».
- *Alucinación funcional:* el estímulo que desencadena la alucinación es percibido al mismo tiempo en la misma modalidad sensorial que la alucinación. El estímulo se superpone a la alucinación. «Cuando el paciente entraba en la habitación que daba al lado de las cañerías y oía como el agua caía por las tuberías, oía voces que le advertían que le iban a matar».
- *Alucinación refleja:* un estímulo en una modalidad sensorial específica (percepción correcta), se asocia con una alucinación basada en otra modalidad sensorial. «Una mujer siente dolor con determinadas palabras. La sensación de grima causada por el ruido de la tiza».
- *Alucinación negativa:* parece más relacionado con la sugestión. La persona no percibe algo que existe, pero no actúa como si el objeto o persona no existiera.

3. OTROS

- *Sensación de presencia:* distorsión perceptiva en que la persona tiene la sensación de que hay alguna persona cerca, que no está sola, siendo consciente de que no lo puede ver.
- *Esquizofrenia:* trastorno mental que se caracteriza por la pérdida del contacto con la realidad. Presentan

delirios y/o alucinaciones, con lenguaje desorganizado, comportamiento desorganizado y una expresión
emotiva disminuida. En función de las características
clínicas se puede dividir en:

- *Síntomas positivos:* exageración de las funciones
  alteradas. Principales: Alucinaciones, ideas deli-
  rantes, alteraciones formales del pensamiento y
  conducta desorganizada.
- *Síntomas negativos:* reflejan una disminución o
  pérdida de las funciones normales. Son: aplana-
  miento afectivo, alogia, apatía, abulia, anhedonia.

NOTAS

AFECTIVIDAD

- *Afectividad:* vida emocional del sujeto. Abarca el estado de ánimo, emociones, sentimientos y pasiones que influyen en la personalidad, en el pensamiento, en el lenguaje y en su conducta, tanto a nivel verbal como no verbal. Así mismo, incluye la evaluación afectiva en términos de agradable-desagradables, placentero-displacentero.
- *Afecto:* «patrón de comportamientos observables, que es la expresión de los sentimientos experimentados subjetivamente» (APA, 2013). Consiste en la respuesta emocional del paciente en el momento presente. El afecto puede o no ser congruente con el humor. La tristeza, la alegría o la irritabilidad constituyen ejemplos de afectos en lenguaje psicopatológico. El afecto presenta cambios más fluctuantes.

  Teoría bidimensional del afecto: afecto positivo (entusiasmo, en alerta, con energía, dinámico, entre otros) y afecto negativo (disgusto, culpa, miedo o ira).
- *Humor:* estado emocional basal del individuo que se equipara con el estado de ánimo. Es un estado, una forma de estar. Un estado emocional más generalizado y persistente que los afectos (que son más fluctuantes). De forma técnica: TÍMIA (estado).
  - Eutimia: estado de ánimo basal, normal. (Fase estable).

- ○ Distimia: la definición etimológica sería disfunción en el humor, pero su significado se asocia con el humor variable y cambiante. (Fase depresiva).
- ○ Hipertimia: aumento excesivo del estado de ánimo, donde la persona se siente alegre, optimista y satisfecha. (Fase maniaca).
- *Emoción:* son reacciones súbitas, de corta duración desencadenada por algún estímulo externo o interno. Se acompañan de una reacción somática, y condicionan la respuesta del sujeto.
- *Sentimiento:* son estados afectivos complejos, estables, más duraderos que las emociones y menos intensos (respuesta duradera, persistente y más estable). Pueden ser positivos o negativos, y expresados hacia un objeto, una idea o una representación mental (por ejemplo, odio, amor, celos). Se experimentan de forma paulatina, progresiva, son más duraderos que las emociones y no se acompañan de correlato fisiológico. El orgullo, el amor, los celos, vergüenza, desconfianza, respeto, arrepentimiento son sentimientos.
- *Pasión:* sentimientos intensos, vehementes, con una gran influencia y determinación sobre el comportamiento del sujeto. Son movimientos afectivos de más larga duración deformadoras de las ideas del sujeto y que pueden dar lugar a las ideas sobrevaloradas que rigen su comportamiento.
- *Deseo:* representa una necesidad, una carencia o una atracción de la persona.

1. SÍNTOMAS AFECTIVOS

- *Alegría patológica o paratimia positiva:* estado emocional (humor) patológico que se caracteriza por un estado de euforia e hiperactividad, en el que la persona se siente con la autoestima elevada, excesivamente optimista y omnipotente. Se observa en él un comportamiento social desinhibido, expansivo, muestra dificultades atencionales, discurso acelerado, con posibilidad de fuga de ideas, conductas imprudentes y peligrosas y baja necesidad de sueño.

- *Tristeza patológica o paratimia negativa:* estado emocional patológico en el que la persona se siente especialmente triste, desanimado, abatido, apenado y afligido, sensación de impotencia ante cualquier situación. Se observa en él una escasa reactividad, baja atención, menos comunicativo, puede centrar su discurso en su estado de tristeza, aislado, centrado en sus pensamientos.
- *Angustia patológica:* se caracteriza porque la persona se siente en tensión, insegura, con miedo constante, en estado de activación, dando lugar a un importante componente somático (sudoración, parestesias, mareos, opresión en el pecho, dificultad para respirar, entre otros). Puede generar reacciones de huida, inquietud motora o vómitos, entre otros.
- *Ataque de pánico (crisis de ansiedad):* es un episodio de miedo intenso que aparece de manera súbita, repentina, de duración variable, pudiéndose repetir varias veces al día. Se caracteriza por la presencia de los siguientes síntomas: sudoración, taquicardia, parestesias en extremidades, dolor en el pecho, nauseas o malestar digestivo, mareo, dificultades para respirar, miedo a morir, a perder el control o a volverse loco, movimientos espasmódicos, temblores, escalofríos o calor, sentimientos de irrealidad y/o despersonalización.
- *Apatía:* indiferencia, desinterés, falta de motivación. No es exclusivo de la depresión, puesto que también se observa en la esquizofrenia. En algunos casos puede generar una intensa angustia y culpa.

- *Anergia:* sensación de la disminución de la energía. El paciente se encuentra muy cansado desde que despierta. Cualquier actividad le supone un gran esfuerzo.
- *Abulia:* impotencia para actuar voluntariamente, tomar una decisión o realizar algún acto que la persona desea y necesita realizar.
- *Inadecuación afectiva o paratimia:* se refiere a la reacción inapropiada de acuerdo con el contexto en el que se encuentra, manifestándose de manera inadecuada a nivel de expresión externa y de vivencia interna. «Reacción de risa ante una noticia triste».
- *Indiferencia o frialdad afectiva:* la persona no manifiesta o experimenta ningún sentimiento ni reacción afectiva ante el entorno. Suele presentarse junto con apatía.
  - *Belle indifférence:* despreocupación como mecanismo de defensa disociativo. En trastornos conversivos.
- *Anhedonia:* incapacidad o dificultad para experimentar placer.
- *Labilidad afectiva:* hace referencia a los cambios afectivos de manera rápida y abrupta, afectando fundamentalmente a la expresión de tal manera que la persona puede estar describiendo una situación que le produce enfado y se pone a reír al tratar seguidamente otro tema. Existe una falta de control.
- *Incontinencia emocional e incontinencia afectiva:* las emociones se exteriorizan de una manera exagerada pudiendo dar lugar a crisis patológicas de enfado, risa o llanto. Los pacientes suelen manifestar la respuesta emocional ante cualquier estímulo nimio.
- *Disforia:* etimológicamente significa malestar. Es una sensación de malestar general, con un estado

de ánimo depresivo que también se puede dar con ansiedad e inquietud.

- *Disprosodia emocional expresiva:* dificultad para adecuar el tono emocional del discurso.
- *Disprosodia emocional receptiva:* déficit para el reconocimiento del tono emocional.
- *Alexitimia:* falta de palabras, incapacidad para poder describir o expresar lo que se siente.
- *Rigidez Afectiva:* los sentimientos están bloqueados, y por tanto la persona no puede, de acuerdo con su voluntad, mostrarlos. Esa expresión emocional no cambia o se adapta a las circunstancias. La persona se muestra constantemente de una determinada manera independientemente de los estímulos externos o el contexto.
- *Ambivalencia o ambitimia:* cuando se dan a la vez sentimientos contrariados a la vez. Sentimiento positivos y negativos que coexisten hacia a una situación, estímulo o persona.
- *Neotimias:* sentimientos novedosos, de nueva aparición.
- *Afecto aplanado:* ausencia de cualquier signo de expresión afectiva.
- *Afecto embotado:* reducción severa en la intensidad de la expresión del afecto.

2. ALTERACIONES SINDRÓMICAS

- *Síndrome Depresivo:* se caracteriza por una disminución global del estado de ánimo y que se manifiesta tanto a nivel psíquico como somático. Es un conjunto de síntomas que identifican un estado de humor triste, pesimista, irritabilidad, decaimiento, perdida de interés de actividades, desmotivación, angustia, reacciones fisiológicas como palpitaciones, bradip-siquia (pensamiento lento)...

- *Síndrome Maniaco:* constituye una exaltación de las funciones vitales caracterizado por un estado de ánimo hipertímico o aumentado, alegría patológica, a veces expansivo o irritable, labilidad emocional (exaltación de sentimientos), hiperexpresivo, inquieto, intranquilo, verborrea, taquipsiquia (pensamiento acelerado)...

- *Síndrome Mixto:* de manera general, es un estado en el que coexisten, simultáneamente, síntomas depresivos y síntomas maníacos. Pueden presentar inquietud psicomotriz, verborrea, taquipsiquia, disminución de la necesidad de sueño, síntomas disfóricos, síntomas ansiosos, labilidad emocional, desesperanza, pesimismo, sensación de malestar, ideas de culpa e inutilidad, así como ideas de muerte. Presentan un alto riesgo de suicidio debido a las ideas autolíticas.

3. OTROS

- *Somatización:* detrás de los síntomas somáticos es frecuente la presencia de algún problema emocional. Manifestaciones somáticas (síntomas físicos) que surgen como expresión de alguna dificultad emocional. «El cuerpo grita lo que tu mente calla».

- *Síntomas conversivos:* son síntomas neurológicos que no tienen causa orgánica demostrable (ceguera, dificultades en el habla, entumecimiento, parálisis o desmayos, entre otros). Forman parte del diagnóstico del trastorno conversivo.

- *Moría:* desinhibición de la conducta en la que la persona se muestra jocosa, con gran euforia y responde con tono burlesco. Se debe a problemas orgánicos a nivel frontal.

- *Compulsión:* acto de manera recurrente que se asocia a la ansiedad previa manifiesta. Su realización intenta rebajar esa ansiedad previa.
- *Tricotilomanía:* arrancarse el pelo de manera recurrente. En las clasificaciones previas, al DSM-5 estaba incluido en los trastornos del control de los impulsos, pero actualmente se incluye en Trastorno Obsesivo-compulsivo.

NOTAS

PENSAMIENTO

1. TRASTORNOS FORMALES DEL PENSAMIENTO

Alteraciones relacionadas con el razonamiento, que se manifiestan a través del habla. Dentro del ámbito clínico también se denomina «habla desorganizada» o trastornos del discurso. Se incluyen las siguientes manifestaciones:

- *Pobreza en el habla o habla lacónica:* la persona mantiene un discurso haciendo uso de monosílabos. Se manifiesta en bradipsiquia o disminución del ritmo del pensamiento.
- *Pobreza del contenido del habla, habla vacía, alogia, trastorno negativo del pensamiento:* empobrecimiento en el pensamiento, que se manifiesta en el habla por un discurso repetitivo, vago y con poca información.
- *Presión del habla, logorrea o habla apresurada:* el discurso es muy rápido. Pueden generar frases incompletas por querer empezar una nueva. Hay un incremento en el habla. Se manifiesta en la taquipsiquia.
- *Habla distraída o discurso divergente:* cambia de tema por respuesta a un estímulo, interrumpiendo el discurso. «Me gusta la clase de psicopatología porque ¿Dónde compraste esa camiseta tan chula? La verdad es que me gusta todo lo relacionado con psicología ¿Iba a juego con las botas?...».

- *Tangencialidad:* la persona responde a preguntas yéndose por la tangente, no respondiendo de manera directa. «¿Cómo te llamas? Como me bautizó el cura ¿Cuántos años tienes? Los que tú me eches. ¿Dónde vives? En el planeta tierra».

- *Descarrilamiento, aceleración del pensamiento o fuga de ideas:* aceleración de los pensamientos y de los procesos psíquicos que se manifiesta a través de la verbalización de las ideas que le aparecen de manera brusca. Hay una ausencia de conexión entre las frases a pesar de que pueden estar bien enunciadas. «– Buenas tardes, encantada de conocerle. – Igualmente. – ¿Le ha costado llegar aquí? – La verdad que no, según sea cena o comida prefiero alimentos más suaves o no».

- *Ensalada de palabras, esquizoafasia o paragramatismo:* relacionado con el descarrilamiento. Se expresan frases sin sentido, incoherentes, donde se alteran las reglas sintácticas y semánticas o palabras. «Estudiaría más, para más conseguir gazpacho, aunque ahora no tener necesidad».

- *Ilogicidad:* las inferencias no se realizan de manera correcta. Las conclusiones que se manifiestan no son lógicas. «El que va a la biblioteca a leer, no debe de conducir».

- *Resonancia:* hace uso de las palabras por su sonido. «Paro, caro, mano y banano».

- *Neologismos:* crear palabras nuevas que el oyente es incapaz de comprender. «¡Hoy estoy rexoni, lleno de vinyu!».

- *Circunstancialidad o prolijo:* discurso indirecto con detalles innecesarios para la comprensión del discurso. La persona suele dar rodeos sobre la idea principal, es incapaz de separar lo superfluo de lo esencial. Pensamiento detallista.

- *Perseveración:* repetición de palabras, ideas o temas. «¿Qué te pasa? Que quiero zumo, zumo de plátano. Me han dicho que este tipo de zumo es el mejor. Me lo dijo un amigo. Voy a mirar en internet sobre el zumo de plátano. ¿Tú lo has probado alguna vez? Qué delicioso debe estar el zumo de plátano».
- *Ecolalia:* consiste en la repetición de palabras o frases de la persona que está hablando.
- *Bloqueo:* el discurso se detiene, interrumpe en mitad o al terminar un pensamiento o idea. La duración es variable. La persona no sabe qué iba a decir o de qué estaba hablando. Se puede explicar en personas con esquizofrenia que ese pensamiento «ha sido robado, extraído de su cabeza».
- *Habla afectada:* se caracteriza por el uso de palabras excesivamente cultas, distantes o recargadas. «Es bien sabido, que no has de ingurgitar licores, mientras discurres con tu vehículo».
- *Autorreferencia:* cuando el paciente centra el tema hacía sí mismo, incluso en temas que no tengan que ver. «¿Has ido a la farmacia? No, no he podido. Ves, no tienes tiempo para mí, no le importo a nadie».

2. TRASTORNOS DEL CONTENIDO DEL PENSAMIENTO

Relacionado con las creencias.

2.1. DELIRIO

- Creencias falsas (definición popular).
- Juicios falsos que se caracterizan porque el sujeto los mantiene con una fuerte convicción, que no son refutables, ni influenciables, y que además su contenido es imposible (Jaspers, 1997).

- Es una creencia personal errónea que se basa en inferencias incorrectas a partir de la realidad externa, sostenida con firmeza a pesar de lo que los demás crean y en abierta oposición a pruebas obvias o evidencias incontrovertibles. La creencia no es ordinariamente aceptada por otras personas del mismo grupo cultural o subcultural (APA).

En contraposición encontramos las siguientes definiciones:

- Son conocimientos y no creencias falsas. Por tanto, al ser afirmaciones, son expresados con convicción y certeza, pues si fueran creencias podrían estar sujetos a discusión (Spitzer, 1994).
- Son actos vacíos del lenguaje que se reivindican a sí mismo como creencias. Su contenido refleja lo que el paciente tenía alrededor en el momento de la creación del delirio (Berrios, 1966, citado por Oyebode, 2018).

Los delirios presentan las siguientes características:

a. Se mantiene a pesar de presentar posibles evidencias en contras.
b. Fuerte convicción.
c. Ausencia de apoyos de otros miembros sobre la misma creencia.
d. Excesiva preocupación entorno al delirio (no es exclusiva de éstos).
e. Cualidad extravagante del delirio (a veces pueden ser plausibles).

- *Ideas sobrevaloradas:* es una creencia comprensible y aceptable, que domina la vida de la persona con distintos grados de plausibilidad, tienden a preocupar al sujeto, presentan una importante carga emocional y a dominar su personalidad. Lo habitual es que esa idea se asocie con una personalidad de tipo patológico (por ejemplo, convicciones políticas o celos).

- *Ideas obsesivas:* pensamientos, creencias, ideas que aparecen de manera reiterativa e intrusiva (sin deseo y voluntad) generando preocupación en la persona, e intentando suprimirlas o disminuir el grado de preocupación, realizando en algunas ocasiones rituales y compulsiones (por ejemplo, en trastorno obsesivo-compulsivo).

2.1.1. CLASIFICACIÓN DE LOS DELIRIOS

Según su forma: establecida por el tipo de enfermedad y características propias.

- *Delirio primario o verdadero:* es la idea delirante genuina, que surge de manera autóctona (aparece sin causa externa), incomprensible y no reducible. Controversia acerca de la afirmación sobre la incomprensión. Para Jaspers (1975), el delirio, puede presentarse bajo estos tipos:
  - Intuición delirante, delirio autóctono: el delirio aparece de repente siendo autorreferencial y de importancia para la persona. «De pronto, M., entiende que su ascensor se estropea de manera excesivamente habitual porque así cambian las cámaras que la vigilen».
  - Percepción delirante: se una percepción normal se interpreta posteriormente como delirante de manera nueva. «Las luces led que rodean los números del ascensor son para que las cámaras puedan captarla bien la imagen».

- ○ Atmósfera delirante: supone para la persona que su mundo está cambiando o ha cambiado. Lo siente somo algo inquietante, misterioso, que le conducirá a algo importante o revelador.
- ○ Recuerdo delirante: supone una interpretación delirante de un recuerdo normal. «M., recuerda que el primer electricista que vino a montar la eléctrica del ascensor, le dijo que iba a continuar viniendo. Era para ir cambiando las cintas de sus grabaciones».
- *Delirios secundarios:* se deriva de otro fenómeno anómalo. Surge como consecuencia de un estado afectivo patológico, alteraciones de la percepción o de otros trastornos. Es comprensible como consecuencia a las circunstancias actuales de la persona.

Según su contenido: determinado por el ámbito social, cultural y emocional de la persona.

- *De persecución:* la persona cree que está siendo espiado, vigilado, investigado, acosado, seguido o fruto de una conspiración.
- *De grandeza:* idea exagerada de omnipotencia, poder, valoración de sí mismo, de conocimiento, talento o ser extraordinario.
- *De control:* los pensamientos, afectos, acciones o la voluntad, entre otros, no son propios, sino que están siendo dirigidos de manera externa. Pueden describir fenómenos relacionados con el pensamiento:
  - ○ Robo (sus pensamientos le están siendo sustraídos).
  - ○ Inserción (le están añadiendo pensamientos externos que no son suyos).
- *Somático o corporal:* cuando se refiere a las funciones y/o apariencia del cuerpo.
- *De celos:* creencia delirante de que la pareja le es infiel.

- *De pobreza:* convicción de que la persona ha perdido, le han quitado o va a perder su dinero o bienes materiales.
- *Extravagante:* contenido irreal y absurdo.
- *De referencia:* todo lo que sucede a su alrededor implica un significado particular, va dirigido a él.
- *Nihilista o de negación:* creencia de la no existencia. Se basa en la negación de la existencia de uno mismo, de alguna de sus partes, de los demás o del mundo. Una idea delirante corporal puede ser nihilista si la persona cree la inexistencia de una parte o todo el cuerpo.
- *De culpa:* la persona se siente responsable de todo tipo de situaciones negativas o adversas.
- *Delirio místico:* la persona cree que debe de llevar a cabo misiones, asumiendo responsabilidades y poderes que le han sido concedidas de una manera especial y particular, todo relacionado con tema religioso.
- *Paramnesia reduplicativa:* la persona cree que un lugar físico existe simultáneamente en dos o más localizaciones.

2.2. SÍNDROMES

- *De Capgras o ilusión de Sosias:* se caracteriza por la creencia de que las personas cercanas (familia, amigos) han sido sustituidas, suplantadas por un impostor de misma apariencia.
- *De Fregoli:* consiste en que una persona que no conozco la identifico como familiar. Identifico familiares en personas extrañas.
- *De intermetamorfosis:* consiste en la convicción de que personas cercanas a él modifican su aspecto a voluntad intercambiándose por otros.

- *De Dobles psicológicos:* cuando la persona cree que hay un doble de sí mismo actuando independientemente de él.
- *De Clerambault, delirio de amor o erotomanía:* la persona cree que una determinada persona está enamorada de ella/él.
- *De Otelo o celotipia:* la persona cree firmemente que su pareja le es infiel.
- *Folie à deux o delirio compartido:* se desarrolla un delirio que es similar al de otra persona con la que se mantiene relación. Hay casos descritos entre 3, 4 y e incluso 5 personas.
- *De Cotard:* tipo de delirio nihilista. Considerado uno de los más raros. La persona cree que está muerta en vida, que sus órganos no funcionan o que su corazón a dejado de latir.
- *De Ekbom o delirio dermatozoico:* la persona cree que está infestado de organismos pequeños. Puede darse con alucinaciones táctiles.

NOTAS

CONSCIENCIA

- *Consciencia:* capacidad que permite darse cuenta de uno mismo (realidad interna) y de su alrededor (realidad externa). Relacionado con las funciones psíquicas superiores. «Conocimiento y manejo del conocimiento propio».

    La claridad o lucidez, la atención, el pensamiento y la amplitud de consciencia son capacidades ligadas a la misma.

    Desde la visión clásica, las alteraciones de la consciencia pueden englobarse en dos tipos:
    a. Cuantitativa (cuando se afecta el nivel de consciencia).
    b. Cualitativa (afectando a la organización mental).

    Para evaluar el nivel de conciencia se hace uso de la Escala de coma de Glasgow midiendo 3 parámetros: respuesta ocular, verbal y motora.

- *Somnolencia o sopor:* la persona presenta dificultades para mantenerse en vigilia, despierto a pesar del esfuerzo. Hay una disminución en la atención, del tono muscular, del habla, en sí, de la conciencia. Por ejemplo, después de la toma de medicamentos depresores del sistema nervioso.

- *Obnubilación:* alteración de la conciencia en la que la persona tiene dificultades de atención y concentración. La mayoría de las funciones intelectuales están afectadas Puede cursar con síntomas de agitación e irritabilidad y aparecer distorsiones perceptivas (auditivas o visuales). Pueden aparecer síntomas de irritabilidad y excitación. Supone la alteración más leve.

- *Estupor:* entendido como síndrome, en el que hay una alteración de la conciencia, mutismo y acinesia. La persona está como alejada de la realidad. Puede haber movimiento ocular pero no hay lenguaje ni movimiento. Puede darse en las siguientes formas:
  - ○ Estupor orgánico: cuya causa es neurológica. Sería a nivel neurológico la antesala al coma.
  - ○ Estupor psiquiátrico: aparece en depresión, principalmente de tipo psicótico, esquizofrenia catatónica o debido a algún trauma.
- *Coma:* estado de inconsciencia. Incapacidad para realizar funciones cognitivas superiores ni de percepción del entorno. Se conserva la respiración y constantes vitales. Pueden ocurrir movimientos espontáneos, pueden abrirse los ojos y a veces dilatación pupilar.
- *Muerte cerebral:* ausencia total de respuesta del cerebro ante cualquier estímulo e incluyendo funciones automáticas como la respiración. Situación irreversible.
- *Onirismo o delirio del sueño:* alteración de la conciencia en la que se producen alucinaciones, principalmente visuales, similares a las que tenemos cuando soñamos, pero en estado de vigilia. Debido principalmente al consumo de determinadas drogas.
- *Delirium o síndrome confusional agudo:* alteración de la conciencia en la que aparecen alucinaciones visuales, agitación psicomotriz, pensamiento desorganizado y desorientación. Aparece de manera aguda y es reversible.

- *Delirium tremens:* aparece en personas con adicción al alcohol como consecuencia del periodo de abstinencia. Se producen los síntomas del delirium junto con hiperreactividad vegetativa (sudoración y taquicardia), insomnio y temblores.
- *Despersonalización:* aquí se percibe el cambio en la consciencia del yo. Sentimiento de extrañeza y rareza. Siente «como si» fuera irreal. Hay una sensación de separación del propio cuerpo donde la persona es como un observador externo. Suele ir acompañado de la desrealización.
- *Desrealización:* estado subjetivo de irrealidad del entorno que percibe el sujeto. La realidad, el ambiente que le rodea, ha cambiado. La persona se siente como desconectada del entorno.
- *Agnosia:* significa «ausencia de reconocimiento». Supone la incapacidad para identificar un objeto mediante uno o varios sentidos, aunque el recuerdo exista. El paciente identifica las propiedades (visuales, táctiles o auditivas) pero luego no lo reconoce como tal. Tipos dependiendo del sentido afecto:
  a. Agnosia visual.
  b. Agnosia gustativa.
  c. Agnosia olfativa.
  d. Agnosia táctil.
  e. Agnosia auditiva.
- *Anosognosia:* alteración de la consciencia corporal en la que la persona no percibe sus alteraciones neurológicas. Incapacidad para ser consciente de su dificultad. Tiene una actitud de indiferencia hacia la parte lesionada.
- *Autotopoagnosia:* la persona tiene la dificultad de reconocer o localizar partes de su propio cuerpo.
- *Asterognosia:* imposibilidad de reconocer los objetos mediante el tacto. A diferencia de la agnosia táctil

hay autores que señalan que la diferencia está en el reconocimiento por las manos o por cualquier contacto del cuerpo.

- *Prosopagnosia:* incapacidad para reconocer los rostros familiares.
- *Miembro fantasma:* alteración de la consciencia corporal en la que se sigue percibiendo el miembro amputado.
- *Dolor fantasma:* la persona sigue percibiendo dolor en ausencia del miembro afectado.
- *Estados crepusculares:* se produce una interrupción entre consciencia y la conducta. A nivel cognitivo hay una alteración de la atención, presenta desorientación y compresión del ambiente es parcial y alterada. Los dos síntomas principales son:
  - *Automatismos:* actividad motora involuntaria, bajo una disminución de la conciencia.
  - *Impulsiones:* comportamientos impulsivos que carecen de base cognitiva. Hay una pérdida del control en cuanto a la dirección de la conducta. El sujeto deambula durante horas sin rumbo fijo.
- *Crisis de ausencia:* también llamada *petit mal.* Se caracteriza por la alteración repentina de la consciencia o ausencia, siendo el EEG anormal y pudiendo ir acompañado de convulsiones.
- *Estado hipnótico:* estado alterado de la conciencia, cuyo elemento principal es la sugestión y que se realiza mediante la técnica de hipnosis.
- *Hipervigilancia:* elevación del nivel de consciencia a nivel patológico siendo consecuencia de la exaltación de los sistemas neurobiológicos implicados en la atención (importante distraibilidad) y en el estado de alerta.
- *Trastorno de identidad disociativo:* presencia de dos o más personalidades, siendo una la principal que

controla la conducta. Se producen periodos o momentos de amnesia.

- *Síndrome de la mano ajena:* el paciente siente que su miembro actúa de manera autónoma e involuntaria, entrando en conflicto con el otro miembro en. Aunque tiene preservada la conciencia, sienten como si no les perteneciera.
- *Síndrome de Ganser:* síndrome caracterizado por alteración de la consciencia, presencia de pararespuestas, síntomas conversivos y alucinaciones. Sería una pseudodemencia histérica con la ganancia secundaria inconsciente y producción involuntaria como mecanismo de defensa ante una situación traumática. Se suele presentar con *belle indiference.*

NOTAS

ATENCIÓN, CONCENTRACIÓN Y ORIENTACIÓN

- *Atención:* focalización perceptiva hacia un estímulo, conducta u objeto, quedando otros difusamente percibidos. La atención exigirá una conciencia clara. Influenciada por el estado de ánimo.
- *Concentración:* capacidad para mantener la atención en algo específico. Es fundamental para la capacidad de aprendizaje.
- *Ausencia mental:* hace referencia a cuando una persona está tan concentrada en algo (generalmente sus pensamientos) no prestando atención a cualquier información externa, que sí lo haría de manera habitual. Se producen conductas mecánicas, y ante un estímulo importante, la ausencia mental desaparece. «La persona que está en su mundo. El profesor que está pensando en una pregunta que le ha realizado un alumno al terminar la clase y se deja el pendrive puesto en clase, se pone la chaqueta de un alumno y se va».
- *Laguna temporal:* la persona no recuerda lo que ha hecho en un periodo de tiempo. Es una conducta tan habitual que lo realiza de manera automática y controlada. Si cambia la actividad, ya tiene que prestar atención. Se diferencia de la ausencia en que en la primera se produce una alteración porque estoy

prestando máxima atención a algo concreto, mientras que, en la laguna, hay una disminución de la atención en sí durante un tiempo sin implicar fallo orgánico. «Venir a la universidad en coche. He venido tantas veces que…».

- *Atención selectiva o focalizada:* la capacidad para centrarse en los estímulos relevantes y dejar de lado los que no lo son. Focaliza su atención en algo concreto.

- *Fenómeno de «Afinar en»:* capacidad que tiene la persona para prestar atención a un estímulo o información a pesar de que hay otros estímulos que podrían atraer la atención. «Estás intentando hablar con tu amigo en la cafetería que hay mucho ruido».

- *Atención como activación o arousal:* estado de activación en la persona que permite estar en alerta, focalizando la atención de acuerdo con el grado de intensidad. Suele ir en respuesta a estímulos o situaciones amenazantes. Relacionado con el estrés, la personalidad y características del propio sujeto.

- *Ley de Yerkes-Dodson:* relación que toma la forma de U invertida entre la activación y la capacidad atencional. El rendimiento de la persona será óptimo si hay un cierto grado de activación (relacionado con la presión/estrés).

- *Visión en túnel:* como fenómeno atencional donde se focaliza la atención en un punto debido a un hecho o situación estresante, quedando todo el alrededor borroso, oscuro, no perceptible.

- *Hipervigilancia:* estado de hipersensibilidad y alta receptividad a los estímulos externos sobre todo en personas con elevada ansiedad. Puede ser de dos tipos:
  a. Específica (atención selectiva ante estímulos que la persona entiende como amenazantes).
  b. General (atender a cualquier estímulo).

- *Atención como expectativa:* la persona de acuerdo con su experiencia o conocimiento, anticipa o se prepara para la respuesta, por lo que aumentara la eficacia de la respuesta
- *Teoría de set mental:* propuesta por Shakow, en la que señala que las personas con esquizofrenia tienen dificultades cognitivas para interpretar las señales anticipatorias y poder responder de manera rápida y apropiada.
- *Aprosexias:* grado máximo de incapacidad para fijar la atención. Por ejemplo, en estupor.
- *Hipoprosexias:* disminución de la capacidad atencional. Incluye:
  - *Distraibilidad:* inestabilidad marcada de la atención. Ésta se mantiene por poco tiempo y ante diferentes estímulos de manera que va cambiando.
  - *Inhibición de la atención:* incapacidad para prestar atención. Da apariencia de estar ensimismado y desinteresado.
  - *Negligencia unilateral o inatención unilateral:* el paciente es incapaz de atender al estímulo que se presentan de manera contralateral a la lesión cerebral.
  - *Fatigabilidad de la atención:* dificultad para mantener la atención. Supone el agotamiento de la atención. Es un síntoma muy inespecífico.
  - *Apatía:* aunque es un síntoma emocional, se produce una dificultad para mantener la atención durante un determinado tiempo, debido al desinterés o baja motivación.
  - *Perplejidad de la atención:* la persona es incapaz de dar un significado a lo que ha prestado atención.

- *Pseudoaprosexias:* la atención parece ausente, aunque en realidad está conservada. El paciente simula que tiene falta de atención.

- *Paraprosexias:* atención desviada. El paciente centra, dirige su atención de manera anómala, sin poder abandonar el estímulo. Por ejemplo, se da en personas con hipocondría de tal manera que el preocuparse por ciertos signos físicos puede hacer que la persona aumente los síntomas como el dolor.

- *Hiperprosexias:* aumento excesivo de la atención focalizada, que se acompaña de hipervigilancia e hiperlucidez. Realmente, se produce una inestabilidad atencional y bajo rendimiento, porque se producen cambios constantes en la atención estimular.

- *Orientación:* la capacidad de la persona para situar y reconocer con precisión el tiempo, el espacio y nuestra posición en relación con estas variables. Está ligada a la conciencia.

- *Orientación alopsíquica:* referida al tiempo y espacio.

- *Orientación autopsíquica:* relativa a uno mismo.

- *Desorientación:* alteración o ausencia de la capacidad de situarse en el tiempo y espacio.

- *Doble orientación u orientación errónea delirante:* la persona se orienta de acuerdo con unos parámetros reales y otros alterados, irreales. «L., realmente está ingresado en un hospital, pero él cree que esta en el hospital penitenciario».

- *Falsa orientación u orientación confabulada:* sólo se orienta teniendo en cuenta sus parámetros derivados de su patología ignorando los reales. «L., confunde la habitación de su casa con el centro de operaciones de la sede de inteligencia nacional».

NOTAS

VIDA INSTINTIVA: AGRESIVIDAD, NUTRICIÓN, SEXUALIDAD, SUEÑO E IMPULSOS

- *Vida instintiva:* relacionado con las teorías de la motivación con el objetivo de satisfacer las necesidades primarias o fisiológicas como la conservación, el hambre, la sed, la sexualidad y el sueño.

1. INSTINTO DE CONSERVACIÓN BIOLÓGICA

- *Agresividad:* intención o deseo de causar daño a uno mismo (autoagresividad) o a otra persona, animal u objeto (heteroagresividad). Puede tener distintas intensidades.
    - *Autolesiones:* producción intencionada de heridas sobre el propio cuerpo. Cortes, quemaduras, arañazos o golpes. Se da en distintos trastornos.
    - *Automutilaciones:* se utiliza de manera indistinta al término de autolesión. No obstante, hay autores que señalan la diferenciación refiriéndose a amputarse zonas del cuerpo, que suelen ir asociadas a una agresividad desproporcionada, derivado de un autocastigo o por alucinaciones somáticas, entre otros.

- ○ *Autoagresión:* tendencias destructivas con el objetivo de hacerse daño a sí mismo en forma de autolesión, automutilación o cualquier otra forma de dañarse a sí mismo.
- *Conducta suicida:* cualquier comportamiento encaminado a acabar con su propia vida de manera voluntaria. Se puede realizar por:
  a. *Entender* que es la única solución ante dificultades vitales.
  b. Intento de entablar una comunicación con los demás, de manera inconsciente.
  c. Como forma de autocastigo y desesperanza.
- *Ideación autolítica/ideación suicida:* la presencia persistente en el sujeto de pensamientos o ideas encaminadas a cometer un suicidio. Deseos de muerte y pensamientos de querer acabar con su vida.
- *Suicidio colectivo:* conducta suicida llevada a cabo por varias personas a la vez. Suele haber una persona que induce a ello y el resto son dependientes de ella. Por ejemplo, en sectas.
- *Suicidio frustrado:* acto suicida que no ha conseguido su objetivo.
- *Suicidio consumado:* acto que ha conseguido su objetivo.
- *Tentativa o intento de suicidio:* persona que se ha intentado acabar con su vida, pero no lo ha logrado.
- *Riesgo de suicidio:* probabilidad de que una persona atente contra su vida.
- *Amenaza suicida:* muestra intención de suicidio.

2. NUTRICIÓN

- *Índice de masa corporal (IMC) o índice de Quetelet:* índice que relaciona el peso y la altura para calcular el nivel de delgadez, normalidad o sobrepeso de la persona. (PESO/ALTURA^2 = IMC). Menos de 17: delgadez extrema; 19-25: normal; Más de 25: sobrepeso.
- *Hiperfagia:* aumento en la ingestión de alimentos. Generalmente en periodos de estrés.
- *Hipofagia:* disminución en la ingesta de alimentos. En periodos de ánimo bajo o depresión.
- *Pica o alitrofagia:* ingestión de sustancias no nutritivas (tierra, hojas, pelo, excrementos).
- *Rumiación:* regurgitación repetida y voluntaria de la comida ingerida que vuelve a ser masticada o escupida.
- *Disorexia:* alteración de la alimentación transitoria debido a alteraciones psicológicas o emocionales. Ingesta de alimentos inusuales relacionados con momentos de alto valor emocional que producen una sensación de bienestar y gratitud. «Antojos en el embarazo».
- *Antropofagia:* comer carne o tejidos humanos. Canibalismo.
- *Hematofagia:* ingerir sangre.
- *Adipsia:* falta de sensación de sed por lo que se deja de beber líquidos.
- *Anorexia nerviosa:* trastorno de la alimentación que se manifiesta por un peso corporal anormalmente bajo con relación a la edad y sexo, por un miedo intenso a ganar peso realizando comportamientos que interfieren en el aumento de este y que además conlleva una distorsión de la imagen corporal de uno mismo.
  - *Tipo purgativo:* episodios recurrentes de purgas (vómitos, laxantes, diuréticos o enemas).

- ○ *Tipo restrictivo:* se dan episodios de ayuno o dieta. Autocontrol extremo.
- *Bulimia:* trastorno de la alimentación en el que se producen atracones y posteriormente comportamientos compensatorios inapropiados recurrentes con el objetivo de evitar el aumento de peso (vómito, laxantes, medicamentos, enemas o el ejercicio excesivo).
- *Atracón:* ingesta de una cantidad de comida superior a lo que la mayoría de las personas consumirían, en un determinado periodo de tiempo y con sensación de pérdida de control. Suelen ser alimentos con muchas calorías.
- *Obesidad:* aumento de la grasa corporal por encima del 20%.
- *Polidipsia:* deseo impulsivo de beber. Ingesta excesiva y desproporcionada de líquido, frecuentemente agua. Diabetes.
- *Polidipsia psicógena o potomanía:* deseo impulsivo de beber que se debe a factores psicológicos. Asociado a trastornos mentales.
- *Dipsomanía:* es una forma de alcoholismo. Ingesta impulsiva y abusiva de alcohol con periodos de abstinencia prolongados. El desencadenante suelen ser factores estresantes.
- *Disfagia:* dificultad o imposibilidad para deglutir. Sensación de que está obstaculizado, no pudiendo ingerir el alimento.
- *Fagofobia:* miedo irracional a tragar no existiendo ninguna dificultad en el paso del bolo alimenticio. Con frecuencia se asocia a trastornos de ansiedad.
- *Ingesta selectiva:* tomar sólo determinados alimentos. La persona los ingiere de manera exclusiva. Se suele dar en niños y adolescentes. «Sólo como pasta y papas».

- *Rechazo alimentario:* actitud de oposición ante la ingesta de determinados alimentos.
- *Síndrome de ingesta nocturna:* sobreingesta nocturna en la que la persona se levanta para comer. A veces puede aparecer como efecto de determinados medicamentos.

3. SEXUALIDAD

- *Respuesta sexual:* compuesta por las siguientes fases: deseo, excitación, orgasmo y resolución.
- *Disfunción sexual:* dificultad durante cualquier etapa del acto sexual (que incluye deseo, excitación, orgasmo y resolución) que evita al individuo o pareja el disfrute de la actividad sexual. Femeninas y masculinas.
- *Alteraciones del deseo:* dificultades que se producen en la fase del deseo sexual o afectan directamente al deseo.
  - *Deseo sexual hipoactivo o hipoactividad:* disminución del deseo sexual.
  - *Aversión al sexo:* rechazo ante cualquier hecho relacionado con la actividad sexual.
  - *Erotomanía o hipererotismo:* deseo sexual exagerado o exacerbado.
- *Alteraciones en la excitación sexual:* dificultades que se producen en la fase de excitación o afectan directamente a la misma.
  - *Impotencia:* imposibilidad de llevar a cabo el coito por falta de erección del pene o insuficiencia de esta para realizar la penetración. De tipo orgánico y de tipo psicógeno.
  - *Dispareunia:* dolor vaginal antes o durante el coito.

- ○ *Vaginismo:* contracciones involuntarias de la musculatura perineal del tercio externo de la vagina ante la inserción del pene u otro objeto.
- ○ *Trastorno de la excitación sexual femenina:* falta parcial o completa, persistente o recurrente, para obtener o mantener la respuesta de lubricación y tumefacción durante la fase de excitación.
- *Alteraciones del orgasmo:* dificultades que se producen en la fase de obtención del orgasmo.
  - ○ *Anorgasmia femenina:* ausencia o retraso del orgasmo en la mujer.
  - ○ *Anorgasmia masculina:* ausencia o retraso del orgasmo en el hombre. Eyaculación retardada.
  - ○ *Eyaculación retardada:* cuando el orgasmo del varón tarda en llegar a pesar de que se quiera alcanzar.
  - ○ *Eyaculación precoz:* eyaculación ante una estimulación nimia y sin que la persona lo desee.
  - ○ *Multiorgasmia femenina:* presencia de orgasmos consecutivos en la mujer.
- *Alteraciones en la fase de resolución:* dificultades que se producen después de alcanzar el orgasmo.
  - ○ *Disforia postcoital:* sensación de tristeza, melancolía y desasosiego que aparece después de las relaciones sexuales. Puede ir asociado al malestar y culpabilidad.
  - ○ *Cefalea asociada a la actividad sexual:* dolor de cabeza asociado a las relaciones que puede manifestarse durante el coito o de manera postcoital. Es un dolor agudo.
- *Parafilias:* presencia de repetidas e intensas fantasías sexuales de tipo excitatorio, de impulsos o de comportamientos sexuales, que implican objetos, actividades o situaciones poco habituales.
  - ○ *Exhibicionismo:* exposición de los propios genitales a una persona extraña y desprevenida.

- *Frotteurismo:* implica el contacto o el roce con una persona en contra de su voluntad. Por lo general en lugares donde hay mucha gente.
- *Fetichismo:* consiste en el uso de objetos no animados (fetiches) o partes del cuerpo no genitales. El fetiche es necesario e intensamente preferible para la excitación sexual.
- *Fetichismo travestista:* consiste en que un hombre se vista de mujer. Ha sido descrito sólo en hombres heterosexuales. No diagnosticarse en el transcurso de un trastorno de identidad sexual.
- *Pedofilia:* supone fantasías, excitación, deseos o actividades sexuales con niños prepúberes (menores de 13 años). Relacionada con la pornografía infantil y corrupción de menores. Como mínimo debe tener 16 años y es al menos 5 años mayor.
- *Masoquismo sexual:* consiste en el acto (real, no simulado) de ser humillado, golpeado, atado o cualquier otro tipo de sufrimiento.
- *Hipoxifilia o asfixiofilia:* obtener satisfacción sexual a través de la disminución de la respiración durante la actividad sexual, puede ser realizada por uno mismo o en la actividad con otra persona.
- *Sadismo sexual:* implica actos reales en los que el sufrimiento físico o psicológico de la víctima es sexualmente excitante. Producción de dolor en la otra persona.
- *Voyeurismo:* observar ocultamente a personas, por lo general desconocidas, cuando están desnudas, desnudándose o en plena actividad sexual, con el propósito de obtener una excitación sexual.
- *Incesto:* relaciones sexuales con individuos próximos por consanguineidad (hermanos, padres, abuelos).

3.1. PARAFILIAS NO ESPECIFICADAS

Son aquellas parafilias que no se incluyen en las categorías anteriores.

- *Escatología verbal, telefónica o informática:* excitación sexual mediante llamadas, chateos y palabras de carácter obsceno.
- *Necrofilia:* excitación sexual con cadáveres.
- *Zoofilia:* placer sexual con animales.
- *Coprofilia:* se obtiene la excitación con prácticas relacionadas con las heces.
- *Urofilia:* excitación sexual con la orina.
- *Clismafilia:* uso de enemas por vía rectal para obtener la excitación.
- *Parcialismo:* centrado en una parte del cuerpo que hace que la persona obtenga la excitación sexual de manera específica y particular con esa zona.

3.2. OTROS TÉRMINOS RELACIONADOS CON LA ESFERA SEXUAL

- *Pubertad precoz:* activación prematura de las hormonas sexuales.
- *Transexualismo:* son aquellas personas que se identifican con el género diferente o que expresan su identidad de género de manera diferente al género que les asignaron al nacer. sienten una importante incongruencia entre el sexo con el que nacieron y el sexo al que desean pertenecer. Suele precisar la modificación de su sexo biológico.
- *Transgénero:* personas cuya identidad de género, expresión de género o conducta no se ajusta a aquella generalmente asociada con el sexo asignado al nacer.

Este término incluye muchas identidades, entre ellas la transexualidad. No tienen por qué modificar quirúrgicamente sus características físicas para sentirse cómodos respecto a su identidad sexual.

- *Disforia de género:* incongruencia entre el sexo que uno siente o expresa y el que se le asigna. Esta situación se manifiesta por un poderoso deseo de ser del otro sexo, uso de atuendo, rol del otro sexo. Disgusto por su anatomía sexual y fuerte deseo por otros caracteres primarios y secundarios.
- *Asexualidad:* falta de atracción sexual, bajo o nulo deseo de actividad sexual. Debate si puede ser un tipo de orientación sexual. Puede relacionarse con la ausencia de orientación sexual. Es distinto del celibato o de la abstinencia sexual. Pueden experimentar atracción romántica.

4. SUEÑO

- *Disomnia:* trastornos del sueño en los que está alterado la calidad y la duración del sueño. Incluye varios trastornos como el insomnio, hipersomnia, narcolepsia, los trastornos relacionados con la respiración, trastornos del ritmo circadiano o síndrome de piernas inquietas.
- *Insomnio:* trastorno del sueño que se caracteriza por la imposibilidad para iniciar o mantener el sueño, o de conseguir una duración y calidad de sueño adecuada, tener un sueño reparador.
  - *Primario:* es el insomnio propiamente dicho. Dificultades para conciliar el sueño afectando a la calidad de vida. Realmente no se sabe la causa.
  - *Secundario:* asociado a enfermedades médicas, neurológicas o psiquiátricas.

- ○ *Crónico:* más de 3 semanas.
- ○ *Transitorio o de corta duración:* hasta 3 semanas. Cambios en el estilo de vida (horarios) o ante situaciones estresantes.
- *Hipersomnia:* trastorno se caracteriza por un sueño excesivo constante e involuntario. Sueño nocturno prolongado y no reparador. Por el día, hay una sensación continua de somnolencia.
- *Narcolepsia:* trastorno crónico del sueño que se manifiesta por la siguiente tétrada sintomática:
  - ○ Somnolencia diurna excesiva, ataques de sueño incontrolables.
  - ○ Cataplexia (pérdida del tono muscular y debilidad).
  - ○ Parálisis del sueño: incapacidad para moverse en la transición de sueño-vigilia.
  - ○ Alucinaciones hipnagógicas.
- *Apnea del sueño:* dificultades en la respiración mientras la persona duerme. Obstructiva (cuando la parte posterior de la garganta obstaculiza el aire), central (dificultad músculos respiración) o mixta.
- *Síndrome de Kleine-Levin:* trastorno poco frecuente, episódico, que se caracteriza por dormir de manera excesiva 15-20h, desinhibición, hiperfagia, conductas de hipersexualidad. Principalmente se manifiesta en varones.
- *Trastornos del ritmo circadiano:* alteración del ritmo biológico que dificultan de alguna forma el sueño. Por ejemplo, el *jet-lag.*
- *Síndrome de piernas inquietas:* trastorno de origen neurológico en el que se producen sensaciones molestas en las piernas y que se reducen cuando la persona las mueve, camina o se levanta.
- *Parasomnia:* alteración del sueño que implica movimientos anormales, comportamientos, emociones, percepciones y sueños que se producen mientras se

queda dormido, durante las fases del sueño, o durante la privación del sueño.

- ○ *Borrachera del sueño:* despertar confuso y desorientado.
- ○ *Terror nocturno:* episodios con signos de terror, gritos, movimientos bruscos. No se acuerdan al día siguiente. Se da en niños y tiende a desaparecer en la adolescencia.
- ○ *Pesadillas:* experiencia onírica intensa, con contenido negativo para la persona. Al día siguiente lo suele recordar.
- ○ *Sonambulismo:* episodios de deambulación durante el sueño. Pueden llevar a manipular puertas y ventanas. Amnesia del episodio.
- ○ *Bruxismo:* presionar y mover los dientes por la noche.

5. IMPULSO

- • *Impulso:* necesidad o deseo irresistible de realizar un acto determinado, dirigido. El impulso inicia el comportamiento para satisfacer ciertas necesidades. Puede manifestarse de dos formas: a) para satisfacer las necesidades primarias, innatas o b) como modelo básico de acción de la persona, dirigido a un objeto. Produce placer, alivio o liberación. En este apartado se tratarán ambos.
- • *Acto impulsivo:* son acciones que la persona realiza sin reflexionar, sin control volitivo de la acción.
- • *Trastorno explosivo intermitente:* impulsos de agresividad desproporcionados como gritos, peleas, golpes a personas u objetos.
- • *Trastorno del control de los impulsos:* la sintomatología esencial consiste en el fracaso en resistir el

impulso, deseo o tentación de llevar a cabo algún acto que es dañino para el propio sujeto o para los demás. Ocurriendo además con una sensación creciente de tensión o activación antes de llevarlo a cabo. En el momento de consumar el acto el individuo siente placer, gratificación o liberación, sin embargo, después puede haber sentimientos de pena, culpa o autorreproche.

- *Ludopatía o juego patológico:* falta de control sobre la conducta de jugar, en el que se produce una tensión creciente antes de realizar la conducta sin poder resistir el impulso de llevarla a cabo.
- *Cleptomanía:* impulso de robar.
- *Piromanía:* impulso para provocar incendios.
- *Compra patológica u oniomanía:* necesidad patológica de comprar cosas sin necesitarlas.
- *Satiriasis:* requerimiento y realización incontrolable del coito por parte del hombre.
- *Ninfomanía:* incremento frecuente, excesivo e incontrolable del deseo y de la actividad sexuales por parte de la mujer.
- *Temor a impulsos (fobia de impulsión):* temor a perder el control y realizar un impulso. Relacionado con el espectro ansioso. «Miedo de una madre de mirar un cuchillo por si le surge el impulso de clavárselo a su hijo».
- *Adicción:* hábito de conductas peligrosas o de consumo de determinados productos, en especial drogas, y del que no se puede prescindir o resulta muy difícil hacerlo por razones de dependencia psicológica o fisiológica. Hay un patrón impulsivo con el objetivo de buscar una gratificación inmediata. Se puede señalar que la impulsividad se manifiesta más en personas que consumen.
  - ○ *Intoxicación:* cambio psicológico o conductual durante la ingestión de la sustancia o al poco de

ingerirla. La sintomatología asociada dependerá de la droga consumida.

- ○ *Abstinencia:* síntomas que aparecen al interrumpir o reducir el consumo.
- ○ *Abuso:* bien por la cantidad o frecuencia y a pesar de las consecuencias negativas (personales, laborales o legales) la persona sigue consumiendo.
- ○ *Dependencia:* conjunto de síntomas psicológicos y físicos que indican que la persona sigue consumiendo sin ser capaz de dejar de consumirla.
- ○ *Tolerancia:* necesidad de aumentar la cantidad de droga consumida.
- *Droga:* sustancia que introducida en el organismo puede modificar funciones, generando dependencia caracterizará por la pulsión de tomar la sustancia de manera habitual, con el objetivo de obtener unos efectos concretos o evitar el malestar de su falta (OMS, 2014).
- *Craving:* deseo irresistible de consumir que impulsa a la persona a realizarlo. Es un factor mantenedor y precipitante del consumo.

NOTAS

MEMORIA

- *Memoria:* proceso que permite codificar, almacenar, retener, recuperar, reconocer y utilizar (de forma controlada o automática) una información, idea o experiencia.
- *Amnesia retrógrada:* incapacidad para recordar la información referida al pasado. Suele aparecer como consecuencia de un traumatismo o lesión cerebral. Puede afectar a los minutos previos a la conmoción, pero también puede afectar a periodos más largos de tiempo como meses o años.
- *Amnesia anterógrada:* afecta a la memoria reciente. La persona es incapaz de fijar nueva información.
- *Amnesia disociativa* (antes denominada psicógena, histérica o funcional): sin causa orgánica. La persona es incapaz de recordar eventos autobiográficos, no considerándose un olvido normal. El precipitante son factores estresantes y aparece de manera súbita y repentina.
- *Fuga disociativa:* estrechamiento de la consciencia que implica la pérdida de identidad (confusión o aparición de una nueva) y los recuerdos autobiográficos. Es característico que la persona desaparezca de su entorno habitual (casa o trabajo) durante un tiempo variable (días o meses).

- *Amnesia lacunar o laguna mental:* la persona no puede recordar ciertos hechos en un determinado periodo de tiempo. Puede ser debida por consumo de alcohol.
- *Hipermnesias:* capacidad excepcional para recordar información. Se habla de patológico cuando los recuerdos son muy intensos, sin control e invadiendo nuestra actividad mental. «Por ejemplo, en los *idiots savants*».
- *Hipermnesias afectivas:* se recuerdan experiencias con fuerte carga emotiva.
- *Ecmnesia y delirio ecmnésico:* la persona actúa como si estuviera viviendo en una época de su vida pasada. Vive en el presente un recuerdo pasado.
- *Fenómeno de flash o recuerdo de flash:* una situación relevante vivida por la persona que queda registrada en su memoria de tal manera que se recuerda con exactitud lo que se estaba haciendo o sintiendo en ese momento. «Por ejemplo, una persona que presenció un atentado».
- *Paramnesia:* alteración de la memoria en la que el sujeto tiene falsos recuerdos que cree como reales y verdaderos.
- *Fenómeno de «no poder ubicar»:* nos encontramos con alguien fuera del contexto habitual y aunque sabemos que conocemos a la persona no podemos acceder al recuerdo completo. «Si trabajamos en un hospital y nos encontramos a un compañero en el mercado».
- *Conozco la cara, pero no el nombre:* sabemos quién es la persona, pero no recordamos su nombre.
- *Fenómeno de «la punta de la lengua»:* cuando no podemos recuperar una palabra, aunque sabemos perfectamente a qué nos estamos refiriendo. A través de ayudas fonológicas o semánticas podemos acordarnos de la palabra.

- *Fenómeno de verificación:* la persona no recuerda si ha realizado determinadas tareas, duda si la llevó a cabo ya que por lo general son conductas rutinarias.
- *Laguna temporal:* la persona no recuerda lo ocurrido durante un periodo de tiempo determinado en que estuvo realizando una conducta automática. Lo que ocurre es que no se registran los hechos porque no se ha prestado atención y se realiza en consonancia a un hábito muy automatizado.
- *Pseudomemoria o falsificación de la memoria:* se elaboran recuerdos para rellenar lagunas de memoria.
- *Pseudología fantástica:* la persona narra, inventa y fantasea historias que llega a creerse debidas a necesidades afectivas. Se da en personas con rasgos histéricos.
- *Confabulación:* invención de recuerdo sin intención de mentir. Una definición operativa de confabulaciones sería aquella que los describe como falsos recuerdos, de los que el paciente no es consciente, y cuya creencia en la veracidad le lleva a actuar conforme a ella y suele afectar a su autobiografía. Han sido descritos varios tipos de confabulaciones y suele manifestarse en trastornos neurológicos.
- *«Dèjá vu» (ya visto):* una experiencia que sentimos como si ya lo hubiéramos vivido antes.
- *«Jamais vu» (jamás visto):* supone no recordar explícitamente haber visto algo antes. La persona sabe que ha ocurrido antes, pero la experiencia no le resulta familiar.
- *«Dèjá entendu» (ya oído):* ilusión de reconocimiento auditivo. Ya he escuchado esa historia.
- *«Dèjá pensé» (ya pensado):* la sensación de que el pensamiento que se está teniendo en ese momento ya se ha tenido con anterioridad.

- *Criptoamnesia:* anomalía en el reconocimiento en el que un recuerdo no es vivido como tal, de tal manera que se considera que es algo nuevo, original, autogenerada, y que se experimenta por primera vez. «Un investigador propone una idea como si fuera nueva y no recuerda que su compañero lo propuso ayer».

SÍNDROMES Y TRASTORNOS RELACIONADOS

- *Síndrome Amnésico:* déficit global de la memoria sin verse afectados otros aspectos cognitivos. Se conserva mejor la información antigua y peor la reciente. Suele surgir como consecuencia de un traumatismo craneoencefálico.
- *Síndrome de Korsakoff:* se caracteriza por presentar amnesia anterógrada grave, retrógrada, desorientación espacial y temporal, algún grado de confabulación Se da por consumo de alcohol (efecto neurotóxico del mismo).
- *Demencia:* trastorno degenerativo en el que se produce un deterioro de manera progresiva a nivel intelectual y emocional junto con alteraciones importantes en la memoria (siendo éstos los primeros síntomas). Algunos tipos: Alzheimer, vascular o demencia fronto-temporal (enfermedad de Pick).
- *Enfermedad de Alzheimer:* deterioro del funcionamiento cognitivo, con inicio de dificultades de rendimiento de memoria (olvidos leves), afectando poco a poco a nivel intelectual, afectivo (síntomas depresivos, cambios en el estado de ánimo), en el movimiento, cambios de personalidad y alteraciones del sueño.

NOTAS

PSICOMOTRICIDAD

- *Psicomotricidad:* relación que se establece entre la actividad psíquica (experiencias afectivas y cognitivas) y la capacidad de movimiento o función motriz del cuerpo. Incluye el tono muscular y los movimientos gestuales.
- *Agitación psicomotora:* gestos, movimientos y conductas que se realizan de manera rápida, debido a la tensión mental. Hay una inquietud física y aumento de excitación. La persona se siente agitada y se manifiesta como inquietud motora. Puede aparecer asociado a:
  a. Hiperactividad psíquica y motora.
  b. Falta de conexión verbal estructurada.
  c. Estado de ánimo ansioso, colérico o eufórico.
  d. Conductas agresivas.
  e. Fuga de ideas.
  f. Trastornos de la consciencia.

    Por ejemplo, en la depresión mayor cuando hay agitación puede haber más probabilidad de suicidio. Moverse por una habitación, retorcer las manos, quitarse la ropa y volverse a vestir…

- *Inquietud psicomotora:* una forma menor de agitación en la que la persona aún conserva cierto grado de control motor e ideativo. «Por ejemplo, en estados ansiosos».
- *Inhibición psicomotora:* lentitud en los gestos, en el movimiento, muestra una postura encorvada, arrastrar los pies, tiene hipotimia (la respuesta emocional está disminuida) o parpadeo infrecuente.
- *Acinesia:* incapacidad para iniciar un movimiento voluntario. Se da en esquizofrenia y Parkinson.
- *Estupor:* síndrome que se caracteriza por la inhibición psicomotora, acinesia e hipocinesia (ausencia o reducción de respuestas).
- *Temblor:* signo clínico que se caracteriza por movimientos involuntarios, rítmicos, contracciones oscilatorias o espasmos de una o varias partes del cuerpo. Principalmente se da en las extremidades, ojos o cabeza.
- *Convulsiones:* contracciones musculares incontrolables y violentas. Implican uno o varios músculos. Se da en epilepsia o cuadros tóxico-infecciosos. A veces pueden aparecer en pacientes con histeria.
- *Tics:* movimientos musculares espasmódicos involuntarios. Son repetitivos y frecuentes. Tipo psicógeno que se asocian a estados de ansiedad. Tipo orgánico como por ejemplo en la Corea de Huntington y síndrome de Gilles de la Tourette.
- *Catatonia o rigidez catatónica:* síndrome psicomotor que se caracteriza por negativismo, oposición, catalepsia, estereotipos gestuales, mutismo y ecosíntomas (repetición de movimientos, palabras o gestos del interlocutor).
- *Discinesia o discinesia tardía:* movimientos involuntarios de la lengua, boca y cara que simulan la acción de chupar, masticar, torsión de las caderas,

movimiento de cuello… Suele ser consecuencia de la medicación antipsicótica.

- *Estereotipias:* repetición continuada e innecesaria de determinados movimientos. Son organizados y complejos (a diferencia de los tics).
- *Manierismos:* caracterizados por un exceso y una exageración de los movimientos (del lenguaje, de los gestos, de la mímica, de la marcha…), aparecen como faltos de espontaneidad, teatrales y artificiosos. Se da en TEA, algunas psicosis y en algunos trastornos de la personalidad (histriónicos).
- *Apraxia:* dificultad para realizar movimientos propositivos que requieren una coordinación y secuencia.
- *Acatisia:* es la sensación subjetiva de tensión derivado de efectos secundarios de medicamentos que hace que la persona se muestre inquieta, camine, no sea capaz de estar sentado. Desaparece cuando se deja la medicación.
- *Ataxia:* falta de coordinación en el movimiento muscular voluntario.
- *Ecopraxia:* repetición de movimientos.
- *Mímica:* hace referencia al comportamiento gestual y corporal como medio de comunicación.
- *Hipermimia:* expresión exagerada de la gestualidad facial. Comportamiento de imitación de los movimientos y gestos que la persona observa.
- *Hipomimia:* escasez de movimientos, la mirada está fija sobre un objeto o en el vacío. Demencia o retraso mental.
- *Dismimias:* incongruencia entre la expresión facial y gestos con los contenidos psicoafectivos.
- *Ecomimia:* repetición de gestos.

SÍNDROMES

- *Síndrome de Gilles de la Tourette:* se manifiestan múltiples tics motores y fónicos. Puede ir acompañado de ecolalia, ecopraxia y coprolalia.
- *Corea de Huntington:* trastorno hereditario que se caracteriza por movimientos oscilatorios, rítmico, involuntario, bruscos, afectando a la cara y extremidades. Presenta disartria y dificultades en la marcha. Así mismo, se acompaña de una demencia progresiva, acompañada de apatía e irritabilidad.

NOTAS

DISCURSO Y LENGUAJE

- *Disartria:* dificultad de articulación del habla debidos a lesiones en los músculos, órganos o áreas cerebrales implicadas. Asociados a problemas relacionados con el sistema nervioso.
- *Afonía:* pérdida total de la emisión de voz.
- *Disfonía:* alteración o dificultad para la producción de sonidos, sin llegar a ser completa. Puede manifestarse con ronquera.
- *Logoclonía:* repetición constante de sílabas en medio o al final de una palabra. Es característico en la enfermedad de Parkinson.
- *Afasia:* alteración de la comprensión o expresión de ideas mediante el lenguaje en cualquiera de sus formas (lectura, escritura y habla) debida a causas orgánicas, lesiones cerebrales.
  - *Afasia de Broca:* incapacidad para producir lenguaje, pero tienen la comprensión conservada.
  - *Afasia de Wernicke:* incapacidad para comprender, pero mantienen la capacidad del habla intacta.
- *Dislalia:* dificultad para articular fonemas, sílabas o palabras. «Tota-tola».
- *Tartamudez o disfemia:* es un trastorno de la comunicación que se caracteriza por interrupciones involuntarias del habla que se acompañan de tensión

muscular. Predomina la falta de ritmo y de fluidez. Repeticiones y prolongaciones de sonidos verbales y dificultad para iniciar la frase, pese a que el sujeto sepa lo que va a decir.

- *Disfasia:* pérdida parcial del habla debida a una lesión cortical en las áreas específicas del lenguaje. Caracterizado por la dificultad para hablar y/o comprender el discurso hablado. Las personas con disfasia pueden no ser capaces de hablar usando frases coherentes, pueden tener dificultades para encontrar las palabras adecuadas, puede usar palabras que no tienen sentido en el momento o pueden tener dificultades para entender lo que otra persona dice.

- *Mutismo:* pérdida completa del habla. No hay producción del lenguaje. Puede ser de tipo selectivo no hablando de manera voluntaria con determinadas personas.

- *Ecolalia:* repetición de palabras que produce el interlocutor.

- *Agramatismo:* dificultad en el uso correcto de la gramática para formar frases inteligibles y correctas. Lenguaje telegráfico. En pacientes con afasia de Broca.

- *Neologismos:* palabras nuevas totalmente inventadas o ya conocidas pero modificadas. «Conchincito. Campirulo».

- *Perseveración:* mantener las mismas frases, ideas o temas de manera sucesiva ante cualquier tipo de pregunta. Supone una repetición persistente.

- *Palilalia:* sonidos, sílabas o conjunto de palabras que la persona emite repetidamente cuando intenta comunicarse. «co, co, co…», o un sonido «sss…, sss…».

- *Verbigeración:* repetición sin sentido, incoherentes y sin coherencia de las mismas palabras o frases.

- *Coprolalia:* repetición compulsiva de palabras obscenas o insultos.

- *Taquifemia* causa una aceleración del habla; el niño habla de una forma precipitada y excesivamente rápida, omitiendo sonidos y sílabas. Ansiedad, manía.
- *Bradifemia:* disminución en la producción de palabras por unidad de tiempo. Depresión, demencia.
- *Lenguaje pobre:* disminución de la producción cuantitativa de palabras, respuestas breves, casi monosílabos o con escasos recursos de estilo.
- *Lenguaje monótono:* ausencia de entonación en el lenguaje.
- *Habla interrumpida:* ruptura brusca del discurso. Esquizofrenia, amnesia.
- *Parafasias:* desfiguraciones de las palabras que pueden ser:
  - Fonémica reemplaza un fonema por otro («tasa» por «casa»).
  - Semántica: sustituye una palabra por otra del mismo campo semántico («mesa» por «silla»).
  - Verbal inconexa: sustituye la palabra por otra de otro campo semántico. No se relaciona nada con la palabra que se está buscando. («Ponte el libro para salir a la calle»).
  - Circunloquio: Se da la definición en vez de la palabra («lo que se pone cuando tienes frio» por «abrigo».
- *Prolijidad:* sobreabundancia de detalles innecesarios
- *Circunstancialidad:* modo de hablar indirecto en que la persona no es capaz de ir al grano en los asuntos, da muchas vueltas, pero al final consigue terminar las argumentaciones.
- *Tangencialidad:* el discurso pierde el hilo argumental no llegando a ninguna conclusión.
- *Pobreza del discurso:* habla lacónica que se manifiesta a través de monosílabos. Disminución cuantitativa

del habla, las respuestas son breves y un estilo muy monótono.

- *Pobreza del contenido del discurso:* hay una pobreza en el pensamiento que se manifiesta a través de un lenguaje que trasmite poca información. Es vago, repetitivo y estereotipado.

- *Habla apresurada, logorrea, verborrea:* trastorno de la comunicación en la que la persona habla sin cesar. Locuacidad excesiva Se produce un incremento en la cantidad de habla espontanea comparado con lo que se considera socialmente adecuado. Acompaña a la fuga de pensamiento.

- *Discurso divergente:* la persona interrumpe su discurso en medio de una frase y cambia de tema en respuesta a estímulos inmediatos (habla distraída).

- *Descarrilamiento:* consiste en un patrón de habla espontanea, en el que falta una adecuada conexión o hilo conductor.

- *Incoherencia, ensalada de palabras:* el discurso se vuelve ininteligible, a veces por la no observación de las reglas de la sintaxis y otras por las perturbaciones a nivel semántico.

- *Ilogicidad:* patrón del habla donde las conclusiones alcanzadas no son lógicas.

- *Asociaciones sonoras o resonancias:* se hace uso de las palabras por su carácter sonoro y no por su significado.

- *Aliteración:* repetición de uno o varios sonidos dentro de una misma frase. Las memas de las muchachas cuando me miran mienten sobre mí.

- *Aproximación de palabras:* aproximan al significado buscado. «Pásame el reflector (espejo)».

- *Bloqueo del habla por pensamiento:* interrupción del habla antes de terminar el discurso sin saber que iba a relatar.

- *Discurso autorreferencial:* cuando el lenguaje hace referencia a sí mismo. Relacionado con creencias sobre sí mismo que se vuelven circulares.

OTROS

- *Dislexia:* trastorno de aprendizaje en la lectoescritura causada por un déficit en el procesamiento visual, auditivo y/o fonológico. Hay distintos tipos de dislexia.

NOTAS

EXPLORACIÓN PSICOPATOLÓGICA

1. OBJETIVOS

- Determinar la naturaleza del problema, síntomas y posibles desencadenantes.
- Realizar el examen mental al paciente.
- Establecer una buena alianza terapéutica.
- Llegar a un correcto diagnóstico para futura intervención.

2. ENTREVISTA A LA FAMILIA/ ENTREVISTA AL PACIENTE

Mensajes facilitadores:

- Preguntas abiertas: «hábleme, cuénteme de…».
- Reflexivas: «qué opina de, qué le preocupa de esta situación…».
- Facilitación: «continúe, siga por favor…».
- Refuerzo positivo: «fenomenal, así lo entiendo mejor».
- Silencios.
- Interpretación: «entonces cuando no puede controlar su comportamiento, hace alguna otra tarea como sudokus…».

- Lista de preguntas: «Cuándo se pone nervioso ¿Le sudan las manos?¿El corazón le late más rápido?».
- Reorientación de la entrevista: «Además de su trabajo, cuénteme qué tal con su pareja».

3. ANAMNESIS: ESTRUCTURA

- *Datos de filiación:* nombre, sexo, edad, lugar de nacimiento, profesión…
- *Motivo de consulta.*
- *Enfermedad Actual.*
- *Antecedentes: Personales (infancia, adolescencia y edad adulta) y familiares.*
- *Exploración psicopatológica.*
  1. *Descripción general.*
     - Aspecto físico.
       - Indumentaria.
       - Pelo.
       - Características singulares.
     - Actitud.
       - Colaboradora.
       - Cambios en momentos de la entrevista.
  2. *Alteraciones perceptivas.*
     - Distorsiones.
     - Engaños perceptivos.
  3. *Afectividad.*
     - Estado de ánimo.
     - Expresión afectiva.
     - Adecuación.
  4. *Pensamiento.*
     - Curso del pensamiento.
     - Contenido del pensamiento.
     - Pensamiento abstracto.
  5. *Consciencia:* conservada o alterada.

6. *Despersonalización y desrealización.*
7. *Atención, concentración y orientación.*
   ○ Inatención.
   ○ Hipervigilancia.
   ○ Desorientado.
   ○ Doble orientación.
8. *Vida instintiva.*
   ○ Sueño.
   ○ Alimentación.
   ○ Sexualidad.
   ○ Impulsos.
9. *Memoria.*
   ○ Amnesias.
   ○ Alteraciones.
10. *Psicomotricidad.*
    ○ Manierismos.
    ○ Tics.
    ○ Mímica.
11. *Discurso y lenguaje.*
    ○ Tartamudeo.
    ○ Afasia.
12. *Inteligencia.*
    ○ Expresiones, vocabulario empleado, velocidad de respuesta.
13. *Capacidad de juicio:* capacidad para tomar decisiones.
14. *Conciencia de enfermedad.*
15. *Introspección:* conocimiento que el propio sujeto tiene de sí mismo que surge de la capacidad que posee para observar, analizar, interpretar y dirigir sus propios procesos cognitivos y emocionales.
16. *Enfermedad médica.*

NOTAS

REFERENCIAS BIBLIOGRÁFICAS

AMERICAN PSYCHIATRIC ASSOCIATION. (2003). *Manual diagnóstico y estadístico de los trastornos mentales. DSM-IV-TR.* (4.ª ed. rev.). Barcelona: Masson. (2013). *Manual diagnóstico y estadístico de los trastornos mentales. DSM-5.* (5.ª ed.). Madrid: Editorial Médica Panamericana.

BELLOCH, A.; SANDÍN, B. y RAMOS, F. (2008). *Manual de Psicopatología (Vol. I).* Madrid: McGraw-Hill.

CABALLO, V.; SALAZAR, I. y CARROBLES, J. A. (2014). *Manual de psicopatología y trastornos psicológicos.* Madrid: Editorial Pirámide.

CÁCERES, J. (1999). *Parafilias y violación.* Madrid: Editorial Síntesis.

CASTRO MORALES, J. (2014). «Autolesión no suicida en adolescentes peruanas: Una aproximación diagnóstica y psicopatológica». *Revista de Neuro-Psiquiatría, 77,* 226-235.

CIMA-MUÑOZ, A. M. (2012). *Elementos de neuropsicología clínica.* Madrid: CEU Ediciones.

CORTEZ-VERGARA, C.; TIRADO-HURTADO, B. C.; NÚÑEZ-MOSCOSO, P. y CRUZADO, L. (2012). «Automutilaciones en pacientes psicóticos: reporte de dos casos inusuales». *Revista de Neuro-Psiquiatría, 75,* 101-105.

DELGADILLO-GONZÁLEZ, Y.; CHÁVEZ-FLORES, C. I. y MARTÍNEZ, O. L. (2014). «Autolesiones sin intención suicida en una muestra de niños y adolescentes de la ciudad de México». *Actas Españolas de Psiquiatría*, 42, 159-68.

EKMAN, P. (2017). *El rostro de las emociones*. Barcelona: RBA Bolsillo.

GALABURDA, A. M. y CESTNICK, L. (2003). «Dislexia del desarrollo». *Revista de neurología*, 36, 3-9.

GALLEGO, L.; VÁZQUEZ, S.; PELÁEZ, J. C. y LÓPEZ-IBOR, J. J. (2011). «Aspectos neuropsicológicos, clínicos y sociales de dos casos de síndrome de Capgras». *Actas Españolas de Psiquiatría*, 39, 408-414.

GIMÉNEZ, M. H. y MORENO, C. L. (2016). «Delirio compartido o folie a deux». *Norte de Salud mental*, 14, 1-15.

GÓMEZ, M. S.; MACÍAS, J. A. G.; LEAL, F. J. V. y GONZÁLEZ, F. S. (2014). «Síndrome de Ingesta Nocturna: A propósito de un caso». *Norte de Salud mental*, 12, 10.

GONZÁLEZ DE RIVERA, J. L. (1980). «Anamnesis y exploración del enfermo psiquiátrico». En: *Manual de psiquiatría*. J. L. González de Rivera, A. Vela y J. Arana (Eds). Madrid: Karpos.

GONZÁLEZ LÓPEZ, I.; BENÍTEZ, S.; MARCOS, E.; PÉREZ, L.; QUIANELLA, M.; FIGUEROA GARCÍA, E. M.; ... y URBANO, L. (2017). «Psicosis de Korsakoff, a propósito de un caso interesante». *Revista Médica Electrónica*, 39, 772-780.

GONZÁLEZ PANDO, D.; CERNUDA MARTÍNEZ, J. A.; ALONSO PÉREZ, F.; BELTRÁN GARCÍA, P. y APARICIO BASAURI, V. (2018). «Transdiagnóstico: origen e implicaciones en los cuidados de salud mental». *Revista de la Asociación Española de Neuropsiquiatría*, 38, 145-166.

HIDALGO-BORRAJO, R.; BELAUNZARAN-MENDIZÁ-BAL, J.; HERNÁEZ-GOÑI, P.; TIRAPU-USTÁRROZ, J. y LUNA-LARIO, P. (2009). «Síndrome de la mano ajena: revisión de la bibliografía». *Revista de neurología*, 48, 534-539.

JARNE, A.; TALARN, A.; ARMAYONES, M.; HORTA I FAJA, E. y REQUENA, E. (2006). *Psicopatología*. Barcelona: Editorial UOC.

JASPERS, K. (1997). *General Psychopathology*. Baltimore: The John Hopkins University Press.

JIMÉNEZ GÓMEZ, B. y QUINTERO, J. (2012). «Ganser syndrome: review and case report». *Actas Españolas de Psiquiatría*, 40, 161-164.

LADERA-FERNÁNDEZ, V. (2001). «Síndrome amnésico postraumático». *Revista de Neurología*, 32, 467-72.

LORENTE, E.; BERRIOS, G.; MCKENNA, P.; MORO, M. y VILLAGRÁN, J. M. (2011). «Confabulaciones (I): Concepto, clasificación y neuropatología». *Actas Españolas de Psiquiatría*, 39, 251-259.

MESA RODRÍGUEZ, T. (2008). «Síndrome de Frégoli: a propósito de un caso». *Alcmeon, Revista Argentina de Clínica neuropsiquiátrica*, 14, 24-36.

MOELLER, F. G.,; BARRAT, E. S.; DOUGHERTY, D. M.; SCHMITZ, J. M. y SWANN, A. C. (2001). «Psychiatric aspects of impulsivity». *American Journal of Psychiatry*, 158, 1783-1793.

MOLLÀ, L.; VILA, S. B.; TREEN, D.; LÓPEZ, J.; SANZ, N.; MARTÍN, L. M.; PÉREZ, V. y BULBENA, A. (2015). «Autolesiones no suicidas en adolescentes: revisión de los tratamientos psicológicos». *Revista de Psicopatología y Psicología Clínica*, 20, 51-61.

MUÑOZ, E. C. y ALZATE, B. G. (2009). «Síndrome de Cotard: presentación de un caso». *Revista Colombiana de Psiquiatría*, 38, 194-202.

NATIONAL INSTITUTE OF MENTAL HEALTH (s. f.). «¿Qué es el suicidio?». Recuperado de: https://www.nimh.nih.gov/health/publications/espanol/el-suicidio-en-los-estados-unidos/index.shtml

OCIO, S. y TRABAJO, P. (2011). *Manual de psicopatología.* Madrid: Editorial GSK.

ORGANIZACIÓN MUNDIAL DE LA SALUD (1992). *Trastornos mentales y del comportamiento. Descripciones clínicas y pautas para el diagnóstico. CIE-10.* (10.ª Ed.) Madrid: Meditor.

(2006). «Constitución de la Organización Mundial de la Salud». Ginebra. Recuperado de: http://www.who.int/governance/eb/who_constitution_sp.pdf

(2013a). «¿Cómo define la OMS la salud?». Ginebra. Recuperado de: https://www.who.int/es/about/who-we-are/frequently-asked-questions

(2013b). «Salud mental: un estado de bienestar». Ginebra. Recuperado de: http://origin.who.int/features/factfiles/mental_health/es/

(2014). «Glosario de términos de alcohol y drogas». Ministerio de Sanidad y Consumo. Madrid. Recuperado de: https://www.who.int/substance_abuse/terminology/lexicon_alcohol_drugs_spanish.pdf

(2018). «Trastornos mentales». Ginebra. Recuperado de: https://www.who.int/es/news-room/fact-sheets/detail/mental-disorders

OYEBODE, F. (2018). *Sims. Síntomas mentales.* Barcelona: Elsevier.

PERPIÑÁ, R. y BAÑOS, M. R. (2019). *Manual básico de exploración psicopatológica.* Madrid: Editorial Síntesis.

PONS, T. C. (2014). «El espectro obsesivo-compulsivo en el DSM 5». *Cuadernos de medicina psicosomática y psiquiatria de enlace,* 112, 22-27.

RODRÍGUEZ TESTAL, J. F. y MESA CID, P. (2011). *Manual de psicopatología clínica.* Madrid: Ediciones Pirámide.

RODRÍGUEZ, J. F. y MESA, P. J. (2011). *Manual de psicopatología clínica.* Madrid: Editorial Pirámide.

RODRÍGUEZ, M.; GEMPELER, J.; PEREZ, V.; SOLANO, S.; MELUK, A.; GUERRERO, E. y LIEMANN, E. (2007). «Entre el sufrimiento interno y las palabras silenciadas: análisis de narrativas de pacientes con trastornos del comportamiento alimentario, trauma y automutilaciones». *Revista colombiana de psiquiatría,* 36, 237-254.

ROVIRA, D. P. y MARTÍNEZ, A. J. C. (1993). «Afectividad, cognición y conducta social». *Psicothema,* 5, 133-150.

SANDÍN, B. (2012). «Transdiagnóstico y psicología clínica: Introducción al número monográfico». *Revista de Psicopatología y Psicología Clínica,* 17, 181-184.
(2013). «DSM-5: ¿Cambio de paradigma en la clasificación de los trastornos mentales?». *Revista de psicopatología y psicología clínica,* 18 (3), 255-286.

SANDÍN, B.; CHOROT, P. y VALIENTE, R. M. (2012). «Transdiagnóstico: Nueva frontera en psicología clínica». *Revista de Psicopatología y Psicología Clínica,* 17, 185-203.

SANDÍN, B.; CHOROT, P.; LOSTAO, L.; JOINER, T. E.; SANTED, M. A. y VALIENTE, R. M. (1999). «Escalas PANAS de afecto positivo y negativo: validación factorial y convergencia transcultural». *Psicothema,* 11, 37-51.

SANTOMÉ, A.; LOECHES, M. M. y FRANK, A. (1998). «Mecanismos neurofisiológicos del síndrome de negligencia unilateral». *Revista de psicología general y aplicada: Revista de la Federación Española de Asociaciones de Psicología,* 51, 443-454.

SANTOS RUIZ, J. L. (2012). *Manual CEDE de preparación PIR: Psicopatología.* Madrid: CEDE.

SARASON, I. y SARASON, B. (2006). *Psicopatología. Psicología anormal: el problema de la conducta inadaptada.* México: Pearson Educación.

SARMIENTO, T.; GUILLEN, V. y SÁNCHEZ, J. M. (2016). «El tratamiento psicológico de la tricotilomanía: Un estudio de caso». *Revista de Psicopatología y Psicología Clínica*, 21, 57-66.

SARRAIS, F. y DE CASTRO MANGLANO, P. (2007). «El insomnio». *Anales del sistema sanitario de Navarra*, 30, 121-134.

SPITZER, M. (1994). «The basis of psychiatric diagnosis». En Sadler, J. Z.; Wiggins, O. P. y Schwartz, M. A. (Eds.), *Philosophical perspectives on psychiatric diagnostic classification.* Baltimore: Johns Hopkins University Press.

STROBBE-BARBAT, M.; MACEDO-ORREGO, L. y CRUZADO, L. (2018). «Paramnesia reduplicativa: a propósito de un caso asociado a esquizofrenia». *Revista de Neuro-Psiquiatría*, 81 (3), 203-208.

VALLEJO RUILOBA, J. (2011). *Introducción a la psicopatología y psiquiatría* (7ª Ed). Barcelona: Elsevier.

VÁZQUEZ, C. «El concepto de conducta anormal. Psicología Médica, psicopatología y psiquiatría». Recuperado de: http://webs.ucm.es/info/psisalud/carmelo/PUBLICACIONES_pdf/1990-Concepto%20conducta%20anormal.pdf

VITHOULKAS, G. (2014). «Conciencia y Consciencia: La Definición». *Journal of Medicine and Life*, 7, 1-6.

WIDAKOWICH, C. (2012). «El enfoque dimensional vs el enfoque categórico en psiquiatría: aspectos históricos y epistemológicos». *Alcmeon. Revista Argentina de Clínica Neuropsiquiátrica*, 17, 365-374.

GLOSARIO

A

- Abstinencia: 85
- Abulia: 46
- Abuso: 85
- Acatisia: 95
- Aceleración del pensamiento: 52
- Acoasmas: 36
- Acromatopsia: 32
- Acto impulsivo: 83
- Adicción: 84
- Adipsia: 75
- Afasia: 99, 107
- Afasia de Broca: 99
- Afasia de Wernicke: 99
- Afectividad: 43, 106, 113
- Afecto: 43, 47
- Afecto aplanado: 47
- Afecto embotado: 47
- Afonía: 99
- Agitación psicomotora: 93
- Aglutinación perceptiva: 33
- Agnosia: 63
- Agramatismo: 100
- Agresividad: 73
- Alegría patológica: 44
- Alexitimia: 47
- Aliteración: 102
- Alitrofagia: 75
- Alogia: 40, 51
- Alteraciones del deseo: 77

- Alteraciones del orgasmo: 78
- Alteraciones en la excitación sexual: 77
- Alteraciones en la fase de resolución: 78
- Alucinación: 34, 35, 37, 38, 39
- Alucinación cinestésica o de movimiento: 38
- Alucinaciones auditivas: 36
- Alucinaciones en segunda persona: 36
- Alucinaciones en tercera persona: 36
- Alucinaciones Gulliverianas: 37
- Alucinaciones hipnagógicas e hipnopómpicas: 38
- Alucinaciones imperativas: 36
- Alucinaciones Liliputienses: 37
- Alucinaciones visuales: 37
- Alucinación extracampina: 35, 39
- Alucinación funcional: 35, 39
- Alucinación gustativa: 37
- Alucinación negativa: 35, 39
- Alucinación olfativa: 37
- Alucinación refleja: 35, 39
- Alucinación táctil o háptica: 37
- Alucinación visceral, corporal, somática, cenestésica: 38
- Ambitimia: 47
- Ambivalencia: 47
- Amenaza suicida: 74
- Amnesia anterógrada: 87
- Amnesia disociativa: 87
- Amnesia lacunar: 88
- Amnesia retrógrada: 87
- Anergia: 46
- Angustia patológica: 45
- Anhedonia: 46
- Anorexia nerviosa: 75
- Anorgasmia femenina: 78
- Anorgasmia masculina: 78
- Anosognosia: 63
- Antropofagia: 75
- Apatía: 45, 69
- Apnea del sueño: 82

- Apraxia: 95
- Aprosexias: 69
- Aproximación de palabras: 102
- Asexualidad: 81
- Asfixiofilia: 79
- Asociaciones sonoras o resonancias: 102
- Asterognosia: 63
- Ataque de pánico: 45
- Ataxia: 95
- Atención: 67, 68, 69, 107
- Atención como activación o arousal: 68
- Atención como expectativa: 69
- Atención selectiva o focalizada: 68
- Atmósfera delirante: 56
- Atracón: 76
- Ausencia mental: 67
- Autoagresión: 74
- Autolesiones: 73, 110, 111
- Automatismos: 64
- Autometamorfopsias: 32
- Automutilaciones: 73, 109
- Autorreferencia: 53
- Autoscopia: 35, 38
- Autotopoagnosia: 63
- Aversión al sexo: 77

B

- Belle indifférence: 46
- Bloqueo: 53, 102
- Borrachera del sueño: 83
- Bradifemia: 101
- Bruxismo: 83
- Bulimia: 76

C

- Capacidad de juicio: 107

- Catatonia: 94
- Cefalea asociada a la actividad sexual: 78
- Celotipia: 58
- Circunstancialidad: 52, 101
- Clasificación: 25, 35
- Cleptomanía: 84
- Clismafilia: 80
- Cloropsia: 32
- Coma: 62
- Compra patológica: 84
- Compulsión: 49
- Concentración: 67
- Conducta suicida: 74
- Confabulación: 89
- Conozco la cara, pero no el nombre: 88
- Consciencia: 61, 106, 114
- Convulsiones: 94
- Coprofilia: 80
- Coprolalia: 100
- Corea de Huntington: 94, 96
- Craving: 85
- Criptoamnesia: 90
- Crisis de ansiedad: 45
- Crisis de ausencia: 64

D

- «Dèjá entendu» (ya oído): 89
- «Dèjá pensé» (ya pensado): 89
- «Dèjá vu» (ya visto): 89
- Delirio: 53
- Delirio autóctono: 55
- Delirio compartido: 58
- Delirio de amor: 58
- Delirio de celos: 56
- Delirio de control: 56
- Delirio de culpa: 57
- Delirio de grandeza: 56

- Delirio del sueño: 62
- Delirio de persecución: 56
- Delirio de pobreza: 57
- Delirio de referencia: 57
- Delirio dermatozoico: 58
- Delirio ecmnésico: 88
- Delirio místico: 57
- Delirio primario o verdadero: 55
- Delirios secundarios: 56
- Delirium: 62, 63
- Delirium tremens: 63
- Demencia: 90, 95
- Dependencia: 85
- Descarrilamiento: 52, 102
- Deseo: 44, 77
- Deseo sexual hipoactivo: 77
- Desorientación: 70
- Despersonalización: 63, 107
- Desrealización: 63
- Diagnóstico: 25
- Dipsomanía: 76
- Disartria: 99
- Discinesia o discinesia tardía: 94
- Discurso autorreferencial: 103
- Discurso divergente: 51
- Discurso divergente: 102
- Disfagia: 76
- Disfasia: 100
- Disfemia: 99
- Disfonía: 99
- Disforia: 46, 78, 81
- Disforia de género: 81
- Disforia postcoital: 78
- Disfunción sexual: 77
- Dislalia: 99
- Dislexia: 103, 110
- Dismegalopsia: 33
- Dismimias: 95

- Dismorfopsias: 32
- Disomnia: 81
- Disorexia: 75
- Dispareunia: 77
- Disprosodia emocional expresiva: 47
- Disprosodia emocional receptiva: 47
- Distimia: 44
- Distorsiones perceptivas o sensoriales: 32
- Distraibilidad: 69
- Doble orientación: 70, 107
- Dolor fantasma: 64
- Droga: 85

E

- Ecmnesia: 88
- Eco de lectura: 36
- Eco del pensamiento: 36
- Ecolalia: 53, 100
- Ecomimia: 95
- Ecopraxia: 95
- Egodistónico: 26
- Egosintónico: 26
- Emoción: 44
- Enfermedad: 24, 90, 106, 107
- Enfermedad de Alzheimer: 90
- Ensalada de palabras: 102
- Ensalada de palabras: 52
- Erotomanía: 58
- Erotomanía: 77
- Escatología verbal, telefónica o informática: 80
- Escisión perceptiva: 33
- Esquizoafasia: 52
- Esquizofrenia: 39, 101
- Estado hipnótico: 64
- Estados crepusculares: 64
- Estereotipias: 95

- Estupor: 62, 94
- Estupor orgánico: 62
- Estupor psiquiátrico: 62
- Etiopatogenia: 25
- Eutimia: 43
- Exhibicionismo: 78
- Extravagante: 57
- Eyaculación precoz: 78
- Eyaculación retardada: 78

F

- Factores mantenedores: 25
- Factores Precipitantes: 25
- Factores Predisponentes: 25
- Fagofobia: 76
- Falsa orientación: 70
- Falsificación de la memoria: 89
- Fatigabilidad de la atención: 69
- Fenómeno de «Afinar en»: 68
- Fenómeno de flash: 88
- Fenómeno de «la punta de la lengua»: 88
- Fenómeno del doble: 35, 38
- Fenómeno de «no poder ubicar»: 88
- Fenómeno de verificación: 89
- Fetichismo: 79
- Fetichismo travestista: 79
- Folie à deux: 58
- Fonemas: 36
- Formicación, delirios dermatozoicos, zoopáticos o enterozoicos: 38
- Fotomas: 37
- Fotopsias: 37
- Frialdad afectiva: 46
- Frotteurismo: 79
- Fuga de ideas: 45, 52
- Fuga disociativa: 87

H

- Habla afectada: 53
- habla apresurada: 51
- Habla apresurada: 102
- Habla distraída: 51
- Habla interrumpida: 101
- Habla lacónica: 51, 101
- Habla vacía: 51
- Hematofagia: 75
- Heterogeusia: 32
- Hiperacusia: 32
- Hipererotismo: 77
- Hiperestesias: 32
- Hiperestesia visual: 32
- Hiperfagia: 75
- Hipermimia: 95
- Hipermnesias: 88
- Hipermnesias afectivas: 88
- Hiperprosexias: 70
- Hipersomnia: 82
- Hipertimia: 44
- Hipervigilancia: 64, 68, 107
- Hipoactividad: 77
- Hipoalgesia: 32
- Hipoestesias: 32
- Hipofagia: 75
- Hipomimia: 95
- Hipoprosexias: 69
- Hipoxifilia: 79
- Humor: 43

I

- Iatrogenia: 26
- Ideación autolítica: 74
- Ideación suicida: 74
- Ideas obsesivas: 55

- Ideas sobrevaloradas: 54
- Ilogicidad: 52, 102
- Ilusión: 33, 34
- Ilusión de Sosias: 57
- Ilusiones de acabado: 34
- Ilusión relacionada con el estado emocional: 34
- Imagen: 31
- Impotencia: 77
- Impulsiones: 64
- Impulso: 83
- Inadecuación afectiva: 46
- Inatención unilateral: 69
- Incesto: 79
- Incoherencia: 102
- Incontinencia afectiva: 46
- Incontinencia emocional: 46
- Índice de masa corporal (IMC): 75
- Índice de Quetelet: 75
- Indiferencia: 46
- Ingesta selectiva: 76
- Inhibición de la atención: 69
- Inhibición psicomotora: 94
- Inquietud psicomotora: 94
- Insomnio: 81
- Intoxicación: 84
- Introspección: 107
- Intuición delirante: 55

J

- «Jamais vu» (jamás visto): 89
- Juego patológico: 84

L

- Labilidad afectiva: 46
- Laguna mental: 88
- Laguna temporal: 67, 89

- Lenguaje monótono: 101
- Lenguaje pobre: 101
- Ley de Yerkes-Dodson: 68
- Logoclonía: 99
- Logorrea: 51, 102
- Ludopatía: 84

M

- Macropsia: 33
- Manierismos: 95, 107
- Masoquismo sexual: 79
- Memoria: 87, 107
- Metamorfopsias: 32
- Micropsia: 33
- Miembro fantasma: 64
- Mímica: 95, 107
- Moría: 48
- Muerte cerebral: 62
- Multiorgasmia femenina: 78
- Mutismo: 100

N

- Narcolepsia: 82
- Necrofilia: 80
- Negligencia unilateral: 69
- Neologismos: 52, 100
- Neotimias: 47
- Nihilista o de negación: 57
- Ninfomanía: 84
- Nosología: 25

O

- Obesidad: 76
- Obnubilación: 61
- Oniomanía: 84

- Onirismo: 62
- Orientación: 70
- Orientación alopsíquica: 70
- Orientación autopsíquica: 70
- Orientación confabulada: 70
- Orientación errónea delirante: 70

P

- Palilalia: 100
- Parafasias: 101
- Parafilias: 78, 109
- Paragramatismo: 52
- Paramnesia: 57, 88, 114
- Paramnesia reduplicativa: 57, 114
- Paraprosexias: 70
- Parasomnia: 82
- Paratimia: 44, 45, 46
- Paratimia negativa: 45
- Paratimia positiva: 44
- Parcialismo: 80
- Pareidolia: 34
- Parestesias: 37
- Pasión: 44
- Patognomónico: 26
- Pedofilia: 79
- Percepción: 31, 32, 34, 55
- Percepción delirante: 55
- Perplejidad de la atención: 69
- Perseveración: 53, 100
- Pesadillas: 83
- Petit mal: 64
- Pica: 75
- Piromanía: 84
- Pobreza del contenido del discurso: 102
- Pobreza del contenido del habla: 51
- Pobreza del discurso: 101
- Pobreza en el habla: 51

- Polidipsia: 76
- Polidipsia psicógena: 76
- Potomanía: 76
- Presión del habla: 51
- Pródromo: 26
- Prolijidad: 101
- Prolijo: 52
- Pronóstico: 26
- Prosopagnosia: 64
- Pseudoalucinación: 38
- Pseudoaprosexias: 70
- Pseudología fantástica: 89
- Pseudomemoria: 89
- Psicomotricidad: 93, 107
- Psicopatología: 15, 109, 111, 113, 114
- Pubertad precoz: 80

R

- Rechazo alimentario: 77
- Recuerdo de flash: 88
- Recuerdo delirante: 56
- Representación: 31, 44
- Resonancia: 52
- Respuesta sexual: 77
- Riesgo de suicidio: 74
- Rigidez Afectiva: 47
- Rigidez catatónica: 94
- Rumiación: 75

S

- Sadismo sexual: 79
- Salud: 15, 110, 112
- Salud mental: 15, 110, 112
- Satiriasis: 84
- Sensación: 31, 39, 76
- Sensación de presencia: 39

- Sentimiento: 44, 47, 63
- Signo: 23
- Síndrome: 23, 24, 37, 47, 48, 65, 77, 82, 90, 96, 110, 111
- Síndrome Amnésico: 90
- Síndrome confusional agudo: 62
- Síndrome de Alienación Parental: 24
- Síndrome de Capgras: 57
- Síndrome de Clerambault: 58
- Síndrome de Cotard: 58
- Síndrome de dobles psicológicos: 58
- Síndrome de Ekbom: 58
- Síndrome de Estocolmo: 23
- Síndrome de Fregoli: 57
- Síndrome de Ganser: 65
- Síndrome de Gilles de la Tourette: 96
- Síndrome de ingesta nocturna: 77
- Síndrome de intermetamorfosis: 57
- Síndrome de Kleine-Levin: 82
- Síndrome de Korsakoff: 90
- Síndrome de la boca urente: 37
- Síndrome de la mano ajena: 65, 111
- Síndrome de Otelo: 58
- Síndrome de piernas inquietas: 82
- Síndrome Depresivo: 47
- Síndrome Maniaco: 48
- Síndrome Mixto: 48
- Sinestesia: 33
- Síntoma: 23
- Síntomas conversivos: 48
- Somático o corporal: 56
- Somatización: 48
- Somnolencia: 61, 82
- Sonambulismo: 83
- Sopor: 61
- Suicidio colectivo: 74
- Suicidio consumado: 74
- Suicidio frustrado: 74

T

- Tangencialidad: 52, 101
- Taquifemia: 101
- Tartamudez: 99
- Teleopsia: 32
- Temblor: 94
- Temor a impulsos (fobia de impulsión): 84
- Tentativa o intento de suicidio: 74
- Teoría de set mental: 69
- Terror nocturno: 83
- Tics: 94, 107
- Tolerancia: 85
- Transdiagnóstico: 25, 110, 113
- Transexualismo: 80
- Transgénero: 80
- Trastorno: 24, 25, 49, 64, 78, 83
- Trastorno de identidad disociativo: 64
- Trastorno de la excitación sexual femenina: 78
- Trastorno del control de los impulsos: 83
- Trastorno dual: 25
- Trastorno explosivo intermitente: 83
- Trastorno mental: 24
- Trastorno negativo del pensamiento: 51
- Trastornos del contenido del pensamiento: 53
- Trastornos del ritmo circadiano: 82
- Trastornos formales del pensamiento: 51
- Tratamiento: 26
- Tricotilomanía: 49
- Tristeza patológica: 45

U

- Urofilia: 80

V

- Vaginismo: 78

- Verbigeración: 100
- Verborrea: 48, 102
- Vida instintiva: 73, 107
- Visión en túnel: 68
- Voyeurismo: 79

X

- Xantopsia: 32

Z

- Zoofilia: 80

SE TERMINÓ DE IMPRIMIR ESTA SEGUNDA EDICIÓN DE
GLOSARIO DE TÉRMINOS EN PSICOPATOLOGÍA
EL DÍA 9 DE SEPTIEMBRE DE 2025,
FESTIVIDAD DE SANTA MARÍA DE LA CABEZA.

LAUS DEO VIRGINIQUE MATRI